JN373174

생명과 시대사상

구선 지음

자기 소개

저는 불교 수행자이며 사상가입니다.
또한 발명가이며 기업가이기도 합니다.
저는 지난 38년 동안 불교 수행을 하면서 미래의 시대사상에 대한 연구를 해왔습니다.
불교의 가르침을 통해 깨달은 내용을 다른 생명을 이롭게 하는데 쓰고자 하는 마음에서 시대사상을 연구하게 되었고, 그러다 보니 여러 가지 기술 분야에 대한 새로운 발명들을 하게 되었습니다.

하나의 사상은 두 가지 결과물을 만들어내는 모태입니다.
첫 번째 결과가 문화이고 두 번째 결과가 문명입니다.

제가 시대사상을 연구하면서 발명가가 될 수 있었던 것은 바로 사상이 갖고 있는 이런 특징 때문이었습니다.
문화란 생활양식을 말합니다.
우리가 살아가는데 필요한 다양한 생활양식들이 모두 문화입니다.
문화는 정신문화와 생활문화로 나누어집니다.

문명이란 삶의 편리를 위해 쓰이는 기술입니다.
기술문명이라 부르는 것이 좀 더 정확한 표현일 것입니다.
시대 산업을 이루는 모든 기술이 시대사상에서 나옵니다.

현대의 시대사상은 과학 사상이고 그렇기 때문에 현대의 산업은 과학기술을 기반으로 세워진 것입니다.

저는 불교 수행을 통해 얻어진 깨달음을 바탕으로 시대사상을 연구하면서 정신문화에 기반한 새로운 교육 프로그램을 개발하는 일을 했고, 새로운 관점의 생활문화를 창조하는 일을 했습니다.
기술 분야에서는 난치병에 대한 치료기술 개발과 프리 에너지 연구를 했고 새로운 농법에 대한 연구도 했습니다.
이 과정에서 발명가가 될 수 있었습니다.

제가 이 책을 집필하는 것은 생명과 시대사상에 대한 저의 견해를 널리 공유하기 위해서입니다.
행복하고 의미 있는 시간이 될 수 있도록 최선을 다해 노력해 보겠습니다.

머리말

1991년 겨울, 그때 처음으로 시대사상의 중요성에 대해 생각하게 되었다.
그래서 새로운 사상을 정립하기 시작했다.
그동안 사유했던 자료들을 정리하고 지나간 시대의 사상을 들여다보면서 현대의 과학 사상이 갖고 있는 한계성과 보완해야 할 점이 무엇인지를 알게 되었다.
그 후로 9년 동안의 작업을 통해 첫 번째 책이 출판되었다.

그리고 다시 20년의 세월이 흘렀다.
문명 간의 충돌이라고 말하는 미중 무역전쟁이 시작되었다.
중국과 미국은 이미 15년 전부터 지금과 같은 상황을 준비하고 있었다.
미국 대통령 트럼프는 중국과의 관계를 전쟁이 아닌 문명의 충돌이라 말했다.
얼핏 생각하면 전쟁이라는 말보다는 유화된 표현이라 할 수도 있다.
하지만 문명의 충돌이란 말은 단순한 표현이 아니다.
이 말은 상대의 멸망을 전제로 두고 사용하는 표현이기 때문이다.

지나간 시대의 문명은 문명 간의 충돌로 멸망했다.

일찍이 “총 균 쇠”의 저자 제레미 교수는 자신의 저서에서 문명의 충돌에 대해 말했다.
그는 현대 문명이 멸망하게 될 원인 중에 한 가지가 중국의 일등국가 진입이라고 했다.
중국이 발전하면서 급격하게 소비되는 자원의 낭비가 현대 문명의 종말을 앞당긴다는 것이다.
그런 배경이 있음에도 불구하고 문명의 충돌이란 말이 미국 대통령의 입을 통해 회자되었다.
미중 무역 분쟁은 단순한 경제 전쟁이 아니다.
상대국의 멸망을 목적에 두고 죽느냐 사느냐를 판가름하는 거대한 충돌이다.

그런 상황에서 코로나19가 발발했다.
이는 인류가 만들어 낸 최악의 질병이다.
코로나19는 인수 공통 감염의 성향을 갖고 있다.
이것은 대단히 심각한 일이다.
대부분의 바이러스 질환은 인간과 동물이 교차감염되지 않는다.
그렇기 때문에 동물의 질병이 사람에게 전염되는 것이 드물었다.
하지만 코로나19는 그 벽을 허물었다.

거기에다 코로나19는 숙주의 유전정보를 습득하는 기능이 대단히 뛰어나다.
앞으로 코로나19의 수많은 변종이 나타날 것이다.
감기 인플루엔자와 결합해서 독감형 코로나가 생겨나고 소의 구제역과 결합해서 구제역 형 코로나가 생겨날 것이다.
이렇게 인간과 동물 사이를 오가면서 지금까지 없었던 전혀 새로운 질병들을 만들어 낼 것이다.

이미 코로나19는 암과 같은 전이적 성향을 갖고 있다.
숙주의 세포에 숨어서 촉수를 통해 주변 세포를 장악하는 것이다.
코로나19가 이런 상태로 육체에 잠복하면 진단을 통해 드러나지 않는다.
코로나19가 감염되는 경로와 그 변이적 양태를 보면 놀라운 사실을 알게 된다.
초기에는 뇌하수체를 공격해서 뇌하수체 호르몬 분비 체계를 장악한다.
특히 갑상선호르몬 분비를 저하시키고 생식호르몬 분비를 교란시킨다.
그런 다음 임파를 장악해서 T임파구의 자살을 유도한다.
임파절 안에 잠복한 코로나는 스스로가 면역세포의 유전자를 복제해서 면역세포처럼 활동한다.
그 결과 자가면역 질환을 유발한다.
이런 상태가 되면 몸의 면역체계가 코로나를 적으로 인식하지 않는다.
그러니 항체가 만들어지지 않는다. 완벽한 무증상이 되는 것이다.

이런 상태에서 백신을 접종하면 어떤 일이 벌어질까?
면역 충돌이 일어난다.

코로나 항체가 자기면역세포를 공격하게 되는 것이다.
현재 진행되고 있는 mRNA 백신이나 DNA 백신은 상당히 심각한 부작용을 내포하고 있다.

코로나19가 갑상선호르몬 분비를 저하시키면 세포 내 리소좀 면역체계가 작동하지 못한다.
그렇게 되면 베타세포가 항체를 만들어 내지 못한다.
이런 면역 환경을 갖고 있는 세포에게 mRNA 백신을 투여하면 어떻게 될까?
만약 효과가 있다면 자가면역 질환이 촉발될 것이고 그렇지 않다면 백신으로서의 기능을 하지 못할 것이다.
DNA 백신도 마찬가지다.
백신이 유전자 가위처럼 작용해서 코로나19의 유전자가 인간 유전자와 영구적으로 결합을 할 것이다.
결과적으로 코로나형 유전병이 새롭게 생겨난다.
코로나19가 무증상 상태를 보이는 것은 갑상선 기능저하와 자가면역질환 때문이다.
갑상선 기능저하증은 체온이 떨어진다.
그러니 발열 검사를 아무리 해도 증상이 나타나지 않는다.
코로나가 면역세포의 유전자를 기반으로 복제되면 PCR 검사(혈액, 소변, 정액, 신체 조직 등의 검체에서 미생물의 독특한 DNA 부분을 핵산 증폭법으로 증폭하고, 증폭된 산물에 대해 확인하여 그 병원균이 환자에게 있다는 것을 증명하는 검사법) 로도 나타나지 않는다.
완벽한 무증상이 되는 것이다.
불행하게도 현대의학은 코로나에 대한 이런 부분을 간과하고 있다.
현재 코로나19는 문명의 충돌과 더불어서 인류의 생존을 위협하는 가장 큰 요인이 되고 있다.
종말의 시계가 점점 빨라지고 있는 것이다.

코로나 백신을 만드는 것은 쉽지 않을 것이다.
그렇기 때문에 치료제 개발에 매진해야 한다.
코로나에 대한 치료법은 이미 개발되어 있다.
감염의 단계별로 치료하는 방법에서부터 예방법까지 완벽하게 준비되어 있다.
갑상선 기능저하는 요오드로 치료한다.
자가면역질환은 면역조절제로 치료한다.
임파에 숨은 코로나는 미세 자력과 미세전류로 치료한다.
이미 여러 사람들이 치료되었다.

이 책에서는 인류에게 당면한 여러 가지 한계성을 극복하는 방법에 대해 논했다.
특히 생명과 시대사상이란 주제를 놓고서 인간세계가 구현해가야 할 목표에 대해 나름대로의 견해를 밝혔다.
1부 생명과 고유진동수에서는 생명이 출현하게 된 과정에 대해 다루었다.
특히 몸으로써 영과 혼, 육체가 생겨나는 과정에 대해 다루었고 마음으로써 의식, 감정, 의지가 생겨나는 과정에 대해 다루었다.

2부 생명과 질병 편에서는 질병이 생겨나는 원인과 치료의 방법에 대해 다루었다.
특이 암의 발생 원인과 치료방법에 대해 구체적으로 다루었다.

3부 생명과 시대사상 편에서는 시대사상과 국가의 관계성에 대해 다루었고 통치적 경영과 경영적 통치에 대해 다루었으며 신본주의와 과학 사상의 한계점에 대해서도 다루었다.

4부 생명과 문명 편에서는 현대 과학문명의 한계를 극복할 수 있는 방법을 제시했다.
새로운 원자 모델의 정립과 상온 핵융합법, 환원 미생물 배양법을 통해 과학 분야의 한계성과 농업 분야의 한계성을 극복할 수 있는 방법을 제시했다.

부족한 부분이 많으니 독자제현께서 보완해 주시길 바란다.
아울러 시대사상과 생명의 가치를 놓고서 허심탄회한 토론을 원한다.
관심 있는 독자께서는 참여해 주시기 바란다.

목차

<1부> 생명과 고유진동수
에너지, 공간, 정보 / 영, 혼 육체의 출현

<2부> 생명과 질병
질병의 원인과 생명 경로 / 암의 진단과 치료

<3부> 생명과 시대사상
시대와 국가 / 신본주의와 과학 사상의 한계성 / 통치와 경영

<4부> 생명과 문명
새로운 원자 모델 만들기 / 상온 핵융합법 / 환원 미생물 배양법

- 원자의 4개 층이 현재와 같은 구조로 형성되고 유지되는 과정을 12연기와 연관하여 설명
- 전자가 초양자 에너지의 미는 힘으로 생겼다면 전기란 무엇인가?
- 현대물리학과 전자기학에서 전기와 자기가 항상 맞물려서 나타나는데 자기는 초양자 에너지와 어떤 관계가 있는가?
- 양성자 붕괴란 무엇인가?
- 중성자 붕괴란 무엇인가?
- 중성자별에 대한 설명
- '전자진동으로 전기에너지가 생성된다' 전자진동으로 어떻게 전기에너지가 생성되는가?
- 전자는 초양자 에너지가 입자 형태로 양자화된 것이고 또한 파동성의 성질을 가지면서 공간에 확률적으로 분포한다고 하는데 전자진동은 어떤 것인가? 전자라는 알갱이가 흔들린다고 생각하면 되는 것인가? 입자라면 요동의 에너지도 있지만 전자의 평균속도가 가지고 있는 운동 에너지도 큰 값을 가지는데 전기 에너지에는 기여하지 않는 것인가?
- 전자 공간을 억제시키는 방법은?
- 전압은 무엇인가?
- 건전지의 전압과 동일한 개념인가?
- 중간대가 좁아지면 왜 전압이 올라가는가?
- 전압이 높아지면 양성자를 이루고 있는 쿼크 스핀이 왜 빨라지는가?
- 초양자 에너지는 모든 것이 시작된 출발점인데

1부

생명과 고유진동수

에너지, 공간, 정보
영, 혼, 육체의 출현

* 수행이란 무엇인가? 명상과 수행은 같은 것인가?

수행이란 몸과 마음의 균형을 잡기 위해서 행하는 노력이다.
몸과 마음의 균형을 잡기 위해서는 몸과 마음이 어떻게 이루어져 있는지를 알아야 한다.
수행을 하기 위해서 먼저 숙지해야 할 것이 몸의 형성 원인과 몸 생명의 작동 원리이다.
그리고 마음이 생겨나는 원리를 아는 것이다.
몸과 마음을 한마디로 표현하면 생명이다.
그렇기 때문에 수행이라는 것은 생명으로서 균형을 갖추기 위한 노력이라고 할 수 있다.

수행은 크게 두 가지 과정으로 나눠진다.
'인지법행'과 '과지법행'이 그것이다.

원초 생명의 상태와 변화의 과정, 몸이 생겨나고 마음이 생겨나는 과정을 이해하고 그 원리에 입각해서 전체 수행의 시작과 마무리를 설계하는 것이 인지법행의 과정이다.
인지법행을 바탕으로 해서 실제적인 체득을 이룰 수 있는 노력을 행하는 것이 과지법행의 과정이다.
불교에서는 인지법행을 52단계로 제시하고 그에 맞게 과지법행을 제시한다.
불교의 소승 체계, 대승 체계, 밀교 체계는 인지법행과 과지법행의 단계를 수행 방법에 입각해서 분류해 놓은 것이다.

생명의 몸은 세 종류가 있다.
첫째가 '영의 몸'이다.
이는 생명이 생성해 내는 본성 에너지로 인해 갖춰진 최초의 몸이다.
둘째가 '혼의 몸'이다.
이는 영의 몸과 미세물질 입자가 결합해서 만들어진 몸이다.
셋째가 '육체의 몸'이다.
이는 세포 구조물로 이루어진 몸이다.

생명의 몸이 세 종류로 갖춰지는 과정에 대해서는 불교의 12연기법에서 상세하게 가르친다.
12연기 과정 중에서 무명·행·식·명색·육입까지가 영의 몸이 생기는 과정이다.
촉·수·애·취까지가 혼의 몸이 생기는 과정이며 유·생·사까지가 육체의 몸이 생기고 그 육체가 죽음에 이르는 과정이다.

생명의 마음은 크게 두 부분으로 이루어져 있다.
첫 번째 부분이 '진제'이다.
이는 본성, 각성, 밝은 성품으로 이루어진 생명의 근본이다.
두 번째 부분이 '가제' 이다.
이는 심·식·의로 이루어진 생명의 면모이다.

생명의 마음은 생명의 몸과 결합해서 크게 다섯 개의 틀을 갖게 된다.
첫 번째 틀이 '식의 틀'이다.
식의 틀은 영의 몸이 기반이 되어 그 안에 진제의 요소와 가제의 요소가 함께 내재되어 있다.
이 상태를 8식이라 말한다.
생명은 8식의 틀로서 자기라는 개체성을 갖춘다.

두 번째 틀이 '행의식'의 틀이다.
이는 세 종류의 몸 전체에 나타날 수 있는 각성의 몸이다.
진제를 이루는 세 요소 중에 각성이 발현되었을 때 갖춰지는 마음의 틀이다.

세 번째 틀이 '상의식의 틀'이다.
이는 세 종류의 몸 전체에 나타날 수 있는 의식의 몸이다.
식은 본제를 이루는 세 가지 요소 중 밝은 성품의 에너지 바탕 위에 외부에서 유입된 정보가 쌓여져서 생겨난다.
식이 내장된 에너지 공간을 '식의 틀'이라 한다.
외부에서 정보가 들어올 때 눈·귀·코·입·몸을 통해 들어오고 그렇게 들어온 정보가 식의 틀 안에 쌓이게 되면 정보와 정보가 서로 교류하면서 합쳐지기도 하고 소멸되기도 한다.
그러면서 새로운 정보를 생산해 내는 원인이 되는데 이 과정을 '명색'이라 한다.
명색의 과정을 통해 새로운 정보가 생산되면 이것을 '생각'이 일어났다 말하고, 이 생각이 특정한 목적을 가지고 흐름을 지속하는 것을 '사유'라 말한다.
이렇게 사유할 수 있는 기능을 갖고 있는 의식의 몸을 '상의식의 틀'이라 한다.

넷째가 '수의식의 틀'이다.

이는 혼의 몸과 육체의 몸에 나타나는 의식의 몸이다.
'7식의 틀'이라고 부른다.
감성과 느낌을 기반으로 한 의식의 몸인데 눈·귀·코·입·몸·생각에 걸쳐 전반적으로 발현되고 각각의 의식 경로마다 서로 다른 특징이 있다.
일치감, 기시감, 직관력, 예지력 등등의 초능력들이 7식이 발현되면서 갖게 되는 성향이다.
다섯 번째 틀이 '색 의식의 틀'이다.
색 의식이란 '육체 의식'을 말한다.
'6식의 틀'이라 부른다.
눈·귀·코·입·몸·생각이 상호 작용하면서 만들어 내는 의식 작용이 육체 기반의 구조물 안에 유입되고 저장되고 조합되어 표출되는 것이 색 의식의 틀 안에서 이루어진다.
현대의 과학은 색 의식의 틀을 이루는 육체를 치료의 관점으로 바라보지만 아직 색 의식의 형성 과정과 운행 경로를 온전하게 파악하지 못하고 있다.
즉 육체 기반의 생명 메커니즘에 대해서 아직도 모르는 부분이 많다는 것이다.

이렇게 살펴보았듯이 생명의 몸과 마음은 복잡한 구조를 갖고 있다.
더군다나 육체 안에는 영의 몸과 혼의 몸이 내재되어 있는데 그 연관성을 아는 것은 더욱더 많은 공부를 필요로 한다.

수행이 생명으로서 균형을 잡기 위해 행하는 노력이라면 먼저 자기 생명을 이루고 있는 세 가지 몸과 두 종류의 마음 상태를 알아야 한다.
그런 다음 그것이 갖고 있는 불균형을 해소하기 위해 노력해야 한다.

명상이란 스스로의 몸과 마음을 고요히 하는 행위이다.
그러기 위한 여러 가지 기법이 있다.
수행을 하기 위해서는 명상이 필요하다.
즉 명상은 수행을 하기 위한 방법이다.

명상은 수행이라는 목적을 위해서도 할 수 있지만 몸과 마음을 휴식하기 위해서도 할 수 있다.
어떤 경우라도 자기를 위해서 이로움을 주는 행위이다.
하지만 명상 자체가 수행의 목적은 아니다.
명상이 수행의 방편으로 쓰이기 위해서는 먼저 수행의 목적을 명확하게 세우고 거기에 맞는 명상을 해야 한다.

* 생명이란?

수행에 대한 설명에서 생명에 대해 말씀드렸다.
진제와 가제로 나누어진 마음의 면모, 영, 혼, 육체로 이루어진 몸에 대해서 말씀드렸고, 몸과 마음이 결부되면서 '오온'이라는 다섯 가지 의식체계가 갖춰지는 것에 대해 말씀을 드렸다.
거기에 좀 더 부연해서 생명에 대한 설명을 해보도록 하겠다.

생명은 존재 양태로서 근본과 면모가 있다.
그리고 존재 목적으로서 역할이 있다.
우리가 말하는 삶이라는 것은 이 두 가지 양상이 합쳐진 개념이다.
생명의 근본은 자기 생명의 뿌리이다.
즉 자기 생명이 시작된 자리이다.
어디에서 비롯되었는가.
어떤 과정을 통해 지금의 나의 면모가 갖추어지게 되었는가.
이것을 아는 것이 바로 근본의 일과 면모의 일이다.

지금까지 인류가 만들어 낸 수많은 사상과 철학에서 이 문제를 다루었고, 수많은 수행자들이 이것을 깨닫기 위해 불철주야 노력해 왔다.
필자 또한 수행자로서 이 문제를 풀기 위해 수많은 날을 지새웠다.
생명의 근본이 본성과 각성과 밝은 성품으로 이루어졌다는 것을 아는 데에도 수많은 세월이 필요했다.
그런 다음에 어떻게 그 세 가지 요소가 현재의 우주와 지금의 다양한 생명들을 만들어 내게 되었는지 그 과정을 아는 것 또한 수많은 시간을 필요로 했다.
대부분의 철학이나 사상에서는 생명의 근본에 대해 다루지 않는다.
현대의 과학 사상은 생명의 근본을 '무' 라 한다.
하지만 그 무의 상태가 어떤 구조로 이루어져 있는지에 대해서는 합리적인 논리가 없다.
더군다나 '무'가 어떤 과정을 통해 '유'로서 드러났는지 그 과정에 대해서는 더욱더 모호하다.
필자는 이 부분에 대한 사유의 결과를 1999년에 책으로 출판했는데 그 제목이 "관 존재 그 완성으로 가는 길"이다.
그 책에서는 생명의 근본이 어떻게 작용해서 천지만물의 원형이 생겨나는지를 밝혔고, 천지만물이 의식과 의지와 감정을 갖춰가는 과정에 대해서도 논했다.
생명을 이루는 몸의 형성, 즉 영의 몸과 혼의 몸, 육체의 몸이 생겨나는 과정에 대해서도 다루었다.
또한 죽음을 통해 생명의 세 가지 몸이 어떻게 변화하는지에 대해서도 논했다.
필자가 지금 생명의 근본과 면모를 말하는 것은 이러한 연구과정을 거쳐 왔기 때문이다.

생명의 근본을 본성과 각성과 밝은 성품으로 규정하는 것은 불교의 생명론이다.
힌두교와 한국민족의 전통사상에서도 생명의 근본이 세 가지 요소로 이루어졌다고 말한다.
생명의 면모를 이루는 정신 체계를 '오온'과 '유식 체계'로 말하는 것은 불교가 유일하다.
또한 생명의 몸을 영, 혼, 육체로 말하는 것도 불교가 유일하다.
힌두교와 불교, 한국민족의 전통사상은 생명의 근본을 논함에 있어서는 공통된 부분이 있으나 면모를 말하는 데 있어서는 서로 다른 부분이 많다.
생명의 근본원리를 '진제' 또는 '본제'라 하고, 생명의 면모를 '가제'라 한다.
생명의 역할로서 존재 목적은 스스로가 설정하는 것이다.
'무엇을 위해 살 것인가' 하는 것은 부여된 숙명이 아니라 스스로가 계획하고 설정하는 것이다.
존재 목적으로서 역할을 보면 큰 역할이 있고 작은 역할이 있다.
착한 역할이 있고 나쁜 역할이 있다.
사람마다 제각기 처해진 환경에 따라 자기 존재 목적을 설정하고 그것을 성취하기 위해 노력 한다.
존재 목적을 놓고 생명이 취해야 할 것이 있다.
그것이 바로 자기 행복을 추구하는 것과 대의적 명분을 갖추는 것이다.
무엇을 하든, 어떤 환경에 처해 있든, 생명은 행복해야 한다.
그것이 생명으로서 가지는 권리이며 또한 의무이다.
생명이 자기 행복에 대한 의무와 권리를 저버리면 자신에 대한 책임을 회피하는 것이다.
그런 사람은 설령 가치 있는 일을 한다 해도 만족하지 못한다.
그런 사람은 끝없이 추구를 하게 된다. 그 과정에서 그 스스로가 병들고 주변 사람들도 더불어서 불행하게 만든다.
대의적 명분이란 세상을 이롭게 하는데 어떤 역할을 할 것인가를 찾고 그 목표를 세우는 것이다.
다른 생명을 이롭게 하는데 나는 어떤 역할을 할 것인가.
나는 무엇으로 다른 생명에게 이로움을 줄 것인가.
이런 생각으로 존재 목적을 설정하면 스스로가 그것을 실행할 수 있는 역량을 갖추기 위해 배우고 익히며 또한 교류의 폭을 넓혀가게 된다.
대의적 명분을 가지고 삶을 사는 사람은 삶이 정체되지 않으며 게으름이나 나태함에 빠지지 않는다.
그리고 항상 착한 마음을 갖고 있어서 다른 사람의 호응을 받게 된다.
먼저 상대를 이롭게 하려는 의도가 있기 때문에 경쟁적으로 삶을 살지 않고 조화적인 관점으로 삶을 이끌어가게 된다.
그렇게 되면 세월이 갈수록 큰 나무가 되어 다른 생명이 깃들어서 쉴 수 있는 쉼터가 되어준다.
불교에서는 이런 사람을 보살이라 한다.
이런 사람은 설령 고난이 와도 그것을 창조적으로 쓸 줄 알고 역경이 와도 그것을 거부하지 않는다.
자기를 극복하고 세상을 극복하며 세월을 건너는 것이 대의적 명분을 갖고 사는 삶에서 얻어진다.

지금까지 말한 내용은 이렇듯 '생명이란 무엇인가'라는 질문을 '생명이 이런 것이다'라고 설명하기보다는 '생명을 이루는 요소가 이러하니 삶으로서 생명이 이런 것이다'라는 관점에서 말씀드린 것이다.

'생명은 무엇인가'라는 질문을 놓고 관점을 달리해보면 '생명은 공간이다' '생명은 에너지를 갖고 있다' '생명은 정보를 내재하고 있다'라는 표현으로 함축할 수 있다.
생명이 공간이라는 말은 생명은 몸을 갖고 있다는 말과 같은 개념이다.
생명은 에너지를 갖고 있다는 말은 생명활동은 에너지를 필요로 하고 에너지로서 이루어진다는 말이다.
생명은 정보를 내재하고 있다는 말은 생명을 이루고 있는 정신, 마음은 정보로 인해 생겨난다는 말이다.
생명이 갖고 있는 불균형을 치유의 관점에서 해소하려면 위의 세 가지 관점으로 생명을 바라보는 것이 필요하다.
이 부분에 대한 자세한 설명은 질병의 원인과 치유편에서 다시 다루겠다.

* 생명은 어떻게 생겨나는가? 생명이 이 세상에 생겨난 이유는 무엇인가?

첫 번째 질문에 대해 결론부터 말하면, 생명은 생겨나지 않는다.

생명은 변화할 뿐이다.

생명은 시작도 없고 끝도 없다.

다만 생명은 '무'에서 '유'로 변화하고 유에서 다시 무로 돌아갈 뿐이다.

생명의 존재 양태에 변화가 일어나는 것은 세 가지 원인과 세 가지 결과로 인해서이다.

'본연'과 '자연'과 '인연'이 생명 변화의 세 가지 원인이고 '여래장 연기'와 '생멸 연기' '공여래장 연기'가 생명 변화의 세 가지 결과이다.

불교에서는 생명이 일으키는 변화의 과정과 결과를 '연기' 라 부른다.

생멸 연기를 불공여래장 연기라고도 부른다. 진여 보살이 생멸문을 제도해서 불이문을 이루면 생멸문을 불공여래장이라 부른다.

생멸 연기로 인해 생멸문이라고 하는 현상세계가 생겨난다.

공여래장 연기를 진여연기라 부른다.

진여 연기로 인해 진여문이라고 하는 보살 세계가 생겨난다.

먼저 여래장 연기에 대해 말씀드리겠다.

여래장이란 생명이 '무'의 상태를 유지하면서 만들어진 생명장이다.
이 상태에서는 생명의 근본을 이루는 세 가지 요소가 서로 영위적 관계를 갖고 있다.
이 관계를 '본연'이라 한다.
생명의 근본을 이루는 세 가지 요소 중 '본성'은 의식의 바탕(무념처)과 감정의 바탕(무심처)이 서로를 비추는 상태로 대치된 구조이다.
본성의 이런 상태를 단적으로 표현한 말이 '하나도 아니요, 둘 또한 아니다'라는 말이다.
본성의 상태는 공간이 아니다.
이 상태는 변화하지 않고 영속된다.
생명이 연기를 통해 변화하더라도 본성의 이런 상태는 훼손되거나 깨어지지 않는다.
다만 변화하는 모든 생명현상은 이 본성의 상태를 복제해서 갖게 된다.
생명은 본성으로 하나이며 서로 연결되어 있다.

본성을 이루는 '무념처'는 생각이 일어나기 이전 상태의 의식 바탕이다.
'무심처'는 감정이 일어나기 이전 상태의 마음 바탕이다.
본성의 자리는 어떤 의식과 감정에도 물들지 않는다.
미리 말씀드리자면 생명의 의식과 감정은 본성을 이루고 있는 무념처와 무심처에서 생기는 것이 아니라 본성이 생성해 내는 에너지장에 내장된 정보로부터 생겨나는 것이다.
본성을 이루는 무념처와 무심처는 서로가 다른 성향을 갖고 있으면서 합쳐지지도 않고 분리되지도 않는 '간극'을 갖고 있다.
본성의 이런 상태에서 에너지가 생성된다.
이 상태에서 생성되는 에너지를 '밝은 성품' 이라 한다.
현대 과학의 용어를 사용하면 '초양자 에너지'이다.
본성을 이루고 있는 무심처와 무념처는 서로 다른 성향을 갖고 있으면서도 항상 한자리를 유지한다.
본성은 스스로의 그런 상태를 지각하고 유지하는 의도성이 있다.

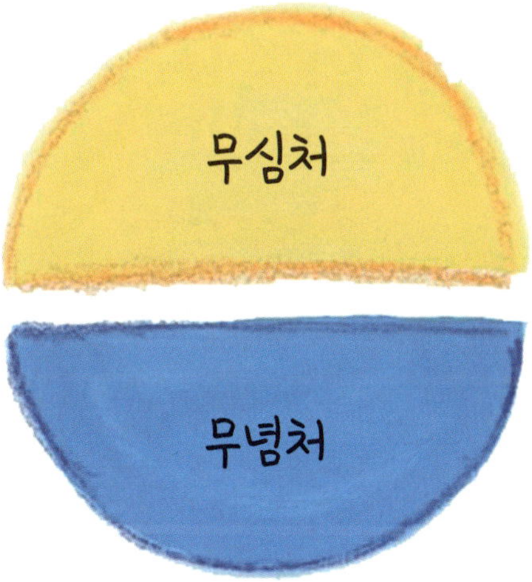

〈본성〉

그것이 스스로를 지켜보는 힘, 즉 ‘각성’이다.
본성이 본성의 상태를 유지하고 지각하는 각성을 ‘본각’이라 이름한다.
생명의 근본을 이루고 있는 세 가지 요소는 이런 과정으로 생겨난다.
그 세 가지 요소 중 본성은 불변하지만 각성과 밝은 성품 에너지는 변화성을 갖고 있다.
본성과 각성과 밝은 성품의 관계, 즉 본연은 각성과 밝은 성품의 변화성으로 인해 생겨난다.
본성의 간극에서 생성된 밝은 성품 에너지는 본성을 감싸 안은 상태로 에너지장을 형성한다.

〈본성의 간극에서 생성되는 밝은 성품〉

이로써 생명은 에너지장으로 이루어진 공간성을 띠게 된다.
밝은 성품 에너지로 인해 생겨난 생명장은 각성의 상태에 따라 넓어지기도 하고 좁아지기도 한다.
각성이 밝은 성품을 소비하게 되면 생명장이 정체된 상태로 존재하거나 좁아지게 되고 각성이 밝은 성품을 소비하지 않으면 생명장이 넓어지게 된다.
각성과 본성은 주시하는 자와 주시되는 대상으로써의 관계를 갖고 있고 그것이 두 개의 얼굴이 서로 마주 보는 형태이다.
각성과 본성, 밝은 성품의 관계를 얼굴로 비유하면 세 얼굴이 서로 마주 보고 있는 상태라고 할 수 있다.

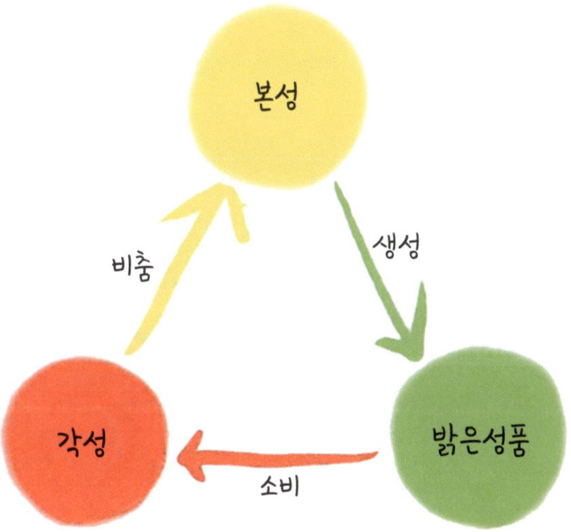

〈본성, 각성, 밝은성품〉

각성이 밝은 성품 에너지를 소비하는 것은 본성의 상태를 주시할 때이다.
본성이 갖고 있는 무념 상태와 무심 상태, 간극 상태를 주시의 대상으로 삼아 그 상태에 머무르면 본성의 간극에서 생성되는 밝은 성품 에너지는 각성으로 인해 소비되면서 생명장이 넓어지지 않는다.
때로는 생명장 자체가 생겨나지 않기도 한다.
각성으로 인해 밝은 성품 에너지가 소비되면서 생명장이 생겨나지 않는 상태가 생명이 '무'로서 존재하는 때이다.
만약 각성이 본성의 상태를 주시하는 것에 머물지 못하고 밝은 성품이 일으키는 변화에 치중하면 그때 밝은 성품 에너지로 이루어진 생명장이 생겨나고 커지게 된다.
이로 인해 생명은 '유'화 되고 공간성으로 인한 존재성을 갖게 된다.
생명이 '무'의 상태를 유지하는 모형과 '유'의 상태로 변화하는 모형을 관계도로 그려본다.

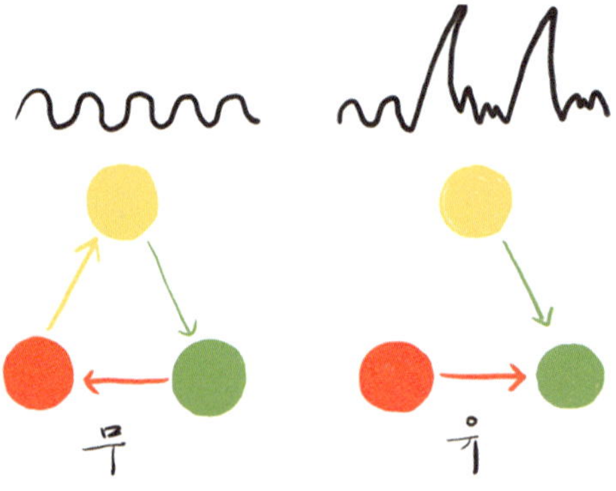

〈무와 유〉

생명이 무의 상태를 유지하는 것을 ‘여래장’이라 한다.
생명이 유의 상태로 변화된 것을 '생멸문'이라 한다.
다른 말로는 불공여래장이라 부른다.
여래장이 생멸문으로 변화되는 것은 생명의 근본을 이루고 있는 세 가지 요소 중 밝은 성품과 각성으로 인해서이다.
그중에 밝은 성품이 주가 되어 일으킨 변화를 ‘자연’이라 한다.
본성의 간극에서 생성되는 밝은 성품 에너지가 각성을 통해 소비되지 않으면 자연현상이 촉발되면서 변화된 생명장이 생겨난다.
밝은 성품이 만들어내는 생명장, 즉 에너지 공간을 불교에서는 ‘향수해’ 라 부른다.
밝은 성품이 에너지장을 이루는 것은 동질의 에너지가 부딪치면서 일으키는 변화의 법칙에 의거한다.
이는 먼저 생성된 밝은 성품 에너지와 나중 생성된 밝은 성품 에너지의 관계로 인해 생겨난다.
동질의 에너지가 서로 작용의 대상이 되면 작용점의 거리에 따라 미는 힘과 당기는 힘이 생겨난다.
먼 거리에서는 미는 힘이 생기고 가까운 거리에서는 당기는 힘이 생긴다.

〈음양이기의 생성〉

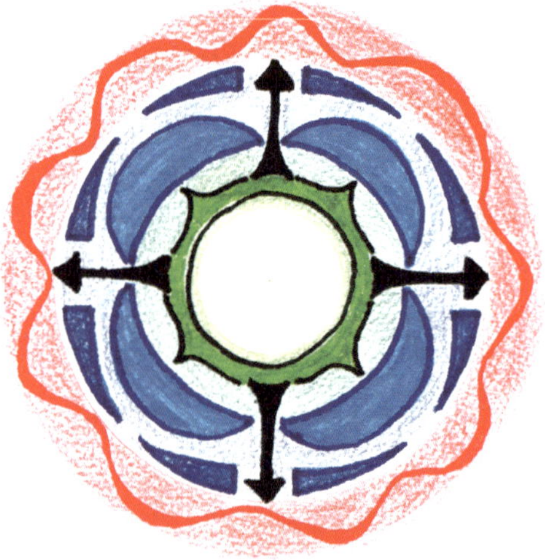

〈밝은 성품의 부딪침〉

밝은 성품 에너지는 본성의 간극에서 항상 생성되지만 각성의 상태에 따라 소비되기도 하고 남아돌기도 하기 때문에 이 과정에서 먼저 생성된 밝은 성품과 나중 생성된 밝은 성품 간에 거리(웨이브)가 생겨난다.

작용점의 거리에 따라 당기는 힘과 미는 힘으로 변화된 에너지는 본래의 밝은 성품 에너지와는 또 다른 기질을 갖고 있다.

미는 힘으로 변화된 밝은 성품 에너지를 '음' 에너지라 한다.

당기는 힘으로 변화된 에너지를 '양' 에너지라 한다.

본래의 밝은 성품 에너지를 '중' 에너지라 한다.

밝은 성품으로 이루어진 생명장은 세 종류의 에너지가 서로 순환하고 부딪치고 당겨지는 관계를 형성하고 있다.

본성의 간극에서 지속적으로 밝은 성품 에너지가 생성되면 음 에너지와 양 에너지 또한 지속적으로 생겨난다.

이로써 세 종류 에너지로 이루어진 생명장이 계속해서 커지게 된다.

〈세 종류의 에너지순환〉

〈상전이〉

‘자연’의 과정을 통해 ‘유’화된 생명은 또 다른 변화를 맞이하게 된다.
그것이 바로 생멸 연기 이다.
생멸 연기란 생하고 멸하는 변화의 상태가 시작되었다는 말이다.
여기서 ‘생’이란 '생겨난다'라는 뜻이고 ‘멸’이란 '생겨난 것이 소멸되었다'라는 뜻이다.
밝은 성품이 서로 부딪치면서 일으키는 변화를 12연기에서는 ‘행’ 이라 말한다.
각성이 밝은 성품이 일으키는 변화에 치중한 것을 ‘무명’이라 말한다.
생명의 근본을 이루고 있는 본래 생명을 불교에서는 ‘일법계’라 한다.

앞서 말씀드렸듯, 생명은 생겨나는 것이 아니라 변화되는 것이라 했다.
그런데 생멸 연기에서 ‘생’은 새롭게 생겨난다는 뜻인데, 무엇이 생겨났다는 말일까?
생명의 근본을 이루는 세 가지 요소 이외에 새로운 것이 생겨났다는 말이다.
생명의 근본 상태인 ‘무’의 상태와 ‘유’의 상태를 비교해보면 어떤 변화가 있었는지를 알 수 있다.
우선 각성이 ‘본각’에서 ‘유위각’으로 전환된 변화가 있었다.
본성을 비추는 상태에서 밝은 성품을 비추는데 치중한 것이 각성의 전환이다.
이것이 첫 번째 변화이다.

그 과정을 무명이라 했다.
그렇게 되자 밝은 성품 에너지가 서로 부딪쳐서 음의 에너지와 양의 에너지가 생겨난다.
이것이 두 번째 변화이다.
이 과정을 '행'이라 했다.
이렇듯 근본의 상태가 아닌 것이 두 가지 생겨났으니 이것을 '생'이라 하는 것이다.
이렇게 시작된 '생'은 밝은 성품과 각성의 작용으로 인해 지속적으로 연계되는데 그 과정이 12단계로 이루어지는 것이 12연기이다.

생멸 연기가 시작되면 근본 생명은 두 가지 기로에 서게 된다.
하나는 생멸 연기를 계속하는 것이고 또 하나는 생멸 연기를 멈추는 것이다.
근본 생명인 일법계가 생멸 연기를 멈추면 다시 근본 상태로 되돌아오게 된다.
이런 상태를 '공여래장' 이라 한다.
공여래장이란 여래장이 다시 공성을 갖추었다는 말이다.
이 과정이 이루어지려면 먼저 각성이 유위각에서 무위각으로 전환되어야 한다.
그런 다음 '생'으로서 드러난 현상들을 '무'로 되돌려야 한다.
그 과정이 진행되는 것이 공여래장 연기이다.
각성이 밝은 성품이 일으키는 변화에 치중했다가 다시 본성을 비추는 상태로 전환하는 것이 공여래장 연기의 시작이다.
이렇게 되면 생멸 연기는 진행된 과정까지에서 멈추지만 그

현상은 고스란히 남아 있게 된다.
이런 상태가 되면 근본 생명은 생멸 연기로 생겨난 모든 현상을 완전하게 제도해서 '무'화 시키는 노력을 해야 한다.
그것이 공여래장 연기의 목적이다.
공여래장 연기가 끝나게 되면 근본 생명은 그 생명장 안에 공여래장과 불공여래장을 껴안게 된다.
그 상태를 불이문을 이루었다고 한다.
곧 불공여래장인 생멸문과 공여래장인 진여문이 둘이 아닌 상태를 유지한다는 말이다.
불이문을 이룬 근본 생명을 '일심법계'라 부른다.

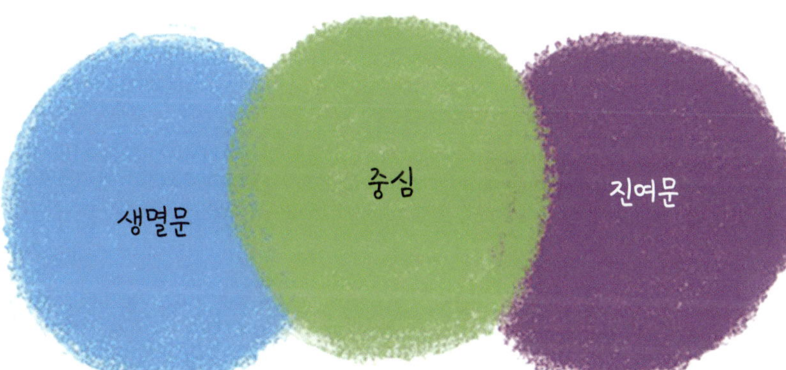

〈불이문 일심법계〉

여래장의 일법계가 '불이문'의 일심법계로 변화한 것이다.

공여래장연기는 근본 생명이 껴안은 생멸문의 진행상태에 따라 서로 다른 과정과 단계로 진행된다.
생멸 연기를 시작한 근본 생명이 생멸 연기를 지속하면 이때 12단계의 생이 전개된다.
그러면서 '멸'의 현상이 함께 진행된다.
생멸 연기의 주체는 유위각으로 전환된 각성과 밝은 성품이 서로 부딪치면서 일으키는 자연적 변화, 그리고 밝은 성품 안에 기록된 정보이다.
유위각으로 전환된 각성은 밝은 성품이 부딪치면서 일으킨 변화를 지각하게 되고 그러면서 그 과정 자체를 정보화 시킨다.
각성이 현상을 지각함으로써 정보화가 이루어지면 정보에 대해 두 가지 성향을 갖추게 된다.
하나는 비교성과 분별성이고 또 하나는 의도성이다.
각성이 이러한 성향을 갖게 된 것을 '의지화 되었다'라고 말한다.
본래의 각성 즉 본각은 지각성과 주시하고자 하는 의도성, 무념 무심에 대한 분별성이 있었다.
이때에는 본성이 주시의 대상이 되었기 때문에 본성을 이루고 있는 요소가 정보화되었다.
이것을 '본성 정보'라 한다.
또한 본성을 주시하면서도 밝은 성품을 함께 주시했기 때문에 밝은 성품이 일으키는 변화도 정보화되었다.
그것을 '생멸 정보'라 한다.
생멸 연기가 시작되고 밝은 성품이 일으키는 변화가 새로운 생을 만들어 가면서 각성은 본성에 대한 정보를 지속시키지 못하고 점점 망각해 버리게 된다.

그에 반해 밝은 성품이 변화하면서 일으키는 변화에 대한 정보는 점점 더 많이 쌓아지게 된다.
각성이 본성 정보를 망각한 것을 무명에 빠졌다고 말한다.
무명에 빠진 각성은 오로지 밝은 성품이 일으키는 변화에 빠져 밝은 성품이 가져다주는 기쁨을 탐닉하게 된다.
그러면서 각성적 기능이 무디어지고 의지적 기능이 더 강해진다.

각성으로 인해 정보화된 여래장 연기와 생멸 연기의 전체 과정은 본성 정보와 생멸 정보의 형태로 밝은 성품과 음 에너지, 양 에너지로 이루어진 생멸장 안에 내재되게 된다.
이렇게 내재된 정보를 '식'이라 한다.
'식' 화된 정보들은 생멸장 안에서 서로 다른 주파수를 생성해 내는 원인이 된다.
본성 정보는 본성 정보대로 주파수를 생성하고 생멸 정보는 생멸 정보대로 주파수를 생성해 낸다.
생멸장은 그 장 안에 유입된 서로 다른 정보가 만들어 내는 주파수와 의지의 지각성, 분별성, 의도성으로 인해 특정한 진동 값을 갖게 된다.
이것을 '고유진동수'라 한다.

고유진동수의 변화는 생멸 연기를 일으키는 또 다른 원인이 된다.
생명장 안에 내재된 정보가 서로 교류의 대상이 되는 것을 '인연'이라 한다.
인연으로 인해 또 다른 정보가 재생산되는데, 그것이 '명색'이다.

본연과 자연, 인연의 작용으로 생멸 연기가 진행되면서 새로운 '생'이 생겨나고 그 과정에서 천지만물이 생겨난다.
생명이 일으키는 세 가지 연기의 변화가 본연과 자연과 인연으로 이루어지고 그 과정을 통해 생명이 변화를 일으킨다고 말하는 것은 이와 같은 이유 때문이다.

생멸장안에 내재된 본성 정보와 생멸 정보를 이해하기 쉽게 숫자로 표시하면 다음과 같다.
본성의 무념, 무심은 0으로 표시한다.
각성을 1로 표시한다.
밝은 성품을 2로 표시한다.
0, 1, 2. 이것이 생명의 근본을 이루고 있는 여래장의 고유진동수이다.
밝은 성품이 서로 부딪쳐서 음의 에너지와 양의 에너지로 변화된 것이 3이다.
생멸 연기 시작인 무명의 과정에 0, 1, 2, 3이 내포되어 있다.
각성이 의지로 전환된 생멸 연기의 두 번째 과정인 행이 4이다.
행의 과정 중에 밝은 성품 에너지와 음 에너지, 양 에너지가 서로 부딪쳐서 물질 입자가 생겨나는데 이 과정이 5이다.
생멸장 안에서 물질 입자가 진동할 때 물질 입자에 대해 분별을 일으킨 것이 6이다.
물 질입자가 생멸장을 벗어나서 상전이를 일으키고 물질 공간을 형성한 것이 7이다.
세 종류의 물질 입자에 대해 의지가 지각적 분별을 행하고 그로서 본성 정보와 생멸 정보가 일곱 개의 식의 틀로서 구조화된 것이 8이다.

생멸 연기가 진행되면서 생명의 고유진동수는 점점 더 높아진다.
생멸 연기 진행과정 중 8의 고유진동수를 갖춘 때가 식의 틀로써 존재성을 갖춘 최초의 생명이 출현한 때이다.
이를 일러 '생멸문' 또는 '원초신'이라 한다.
이 이후의 생멸 연기가 진행되면서부터는 원초신의 분별로 인해 개체 생명이 생겨난다.
그것이 영의 몸을 갖춘 개체 생명이 출현하게 된 배경이다.
12연기 12단계에서 보면 네 번째 단계와 다섯 번째 단계의 과정이다.
즉 명색과 육입의 과정이다.
본연과 자연과 인연의 과정을 통해 12연기가 진행되는 과정에 대해서는 다음 장에서 좀 더 상세하게 설명할 것이다.
<생명이 이 세상에 생겨난 이유는 무엇인가>라는 질문은 약간의 수정이 필요하다.
이 질문은 대답할 수 없는 질문이기 때문이다.
앞서 말했듯 생명은 생기는 것이 아니다.
때문에 개체 생명이 생멸문에 출현한 이유가 무엇인가, 이렇게 질문하면 그 대답을 좀 더 명확하게 할 수 있다.
각성이 본성을 주시하는 것을 저버리고 밝은 성품이 일으키는 변화에 치중함으로써 생멸 연기가 시작되었고 생멸 연기의 과정을 통해 개체 생명이 출현하게 되었다.

* 혼의 몸이 생기는 과정

혼의 몸을 설명하려면 생멸 연기의 과정 중에서 물질 입자가 생겨나는 과정에 대해 먼저 설명해야 한다.
그런 다음 영의 몸이 갖추어지는 과정을 좀 더 상세하게 들여다볼 필요가 있다.
영의 몸이 어떤 과정을 통해 혼의 몸으로 변화되게 되었는지 그 과정을 전반적으로 들여다봐야 하기 때문이다.
나아가서 혼의 몸이 육체의 몸으로 변화되는 과정도 좀 더 깊이 있게 들여다봐야 한다.

현대 과학의 진화론에서는 단세포가 진화해서 다세포가 되고, 다세포 생물이 진화해서 지금의 육체가 생겼다고 한다.
이것은 잘못된 주장이다.
12연기의 관점으로 보면 단세포생물이 다세포 생물로 진화하려면 먼저 영의 몸과 혼의 몸이 다세포를 수용할 수 있는 구조가 되어야 한다.
이것을 '원신적 구조의 변화'라 한다.
생명의 몸은 생명의 의식이 드러나는 통로이기 때문에 의식을 이루고 있는 정보의 쌓임이 먼저 이루어지고 그 정보량에 맞추어서 나중에 육체를 이루는 다세포 구조물이 갖추어진다.
몸은 생명정보를 담고 있는 그릇이다.

몸은 공간이기 때문에 공간을 구성하고 있는 바탕 매질과 주파수, 파동으로 이루어져 있다.

몸의 상태에 따라 공간을 이루고 있는 세 가지 요소의 상태가 달라진다.
영의 몸은 바탕 매질이 밝은 성품 에너지이다.
주파수를 생성하는 원천은 본성 정보와 식의 정보, 의지 정보이다.
고유진동수는 8진동 9진동 10진동까지이다.

혼의 몸은 바탕 매질이 양자이다.
주파수의 생성은 본성 정보, 식의 정보, 심의 정보, 의지 정보이다.
고유진동수는 11진동에서 18진동까지이다.

육체의 몸은 바탕 매질이 전자기이다.
주파수를 생성해 내는 원인은 본성 정보, 식의정보, 심의정보, 의지정보, 그리고 유전정보이다.
고유진동수는 24진동이다.

이렇듯 영의 몸과 혼의 몸, 육체의 몸은 바탕 매질이 서로 다르고 주파수를 생성해 내는 원인이 다르며 고유진동수가 다르다.
생명의 몸이 이와 같은 구조를 갖고 있는 것은 12연기 과정을 거치면서 서로 다른 생의 과정으로 몸의 변화가 있었기 때문이다.
천지만물은 생명이 갖고 있는 의식구조와 고유진동수에 따라 서로 다른 몸의 원형을 갖고 있다.
천지만물을 몸의 원형에 입각해서 구분해보면 일곱 종류가 있다.
신, 인간, 식물, 동물, 원생물, 무정, 상념체가 그것이다.

그중 단세포 생명에 속하는 것이 원생물이다.
원생물이 인간이나 신으로 진화하려면 먼저 몸의 원형이 되는 영의 몸에서부터 변화가 이루어져야 한다.
그런 변화는 어느 날 갑자기 폭발적으로 이루어지지 않는다.
원생물이 인간이 되기 위해서는 식물, 동물을 거쳐서 원신적 진화를 먼저 이루어야 한다.
그것은 어느 날 갑자기 이루어지는 것이 아니고 수억겁의 생을 반복하면서 점차적으로 이루어진다.

혼의 몸을 이루는 물질 입자는 12연기 과정 중 행의 과정에서 만들어진다.
행의 과정에서 물질 입자가 생기는 것은 두 가지 원인이 작용한다.

첫 번째 원인이 에너지의 부딪침이다.
두 번째 원인이 정보가 생성해 내는 주파수이다.
에너지의 부딪침은 생명장을 이루고 있는 세 종류의 에너지, 즉 밝은 성품과 음 에너지, 양 에너지의 관계로 일어난다.
먼저 생성된 밝은 성품과 나중 생성된 밝은 성품의 부딪침으로 생겨난 음 에너지와 양 에너지는 생멸문의 생명장 안에서 각각의 경로를 유지하며 순환하는 상태이다.
밝은 성품의 미는 작용으로 생겨난 음 에너지는 밝은 성품과 섞이지 않은 상태로 동떨어진 경로를 유지하고 밝은 성품의 당기는 힘으로 생겨난 양 에너지는 밝은 성품과 가까운 경로를 유지하면서 생명장 내부에 순환 경로를 형성하고 있었다.
이런 상태에서 밝은 성품의 생성이 지속적으로 이루어지자 음 에너지와 밝은 성품 간에 미는 힘이 커지면서 세 종류 에너지가 서로 부딪치게 된다.
이 과정에서 에너지 응집이 일어나고 물질 입자가 생겨난다.

〈극대상황〉

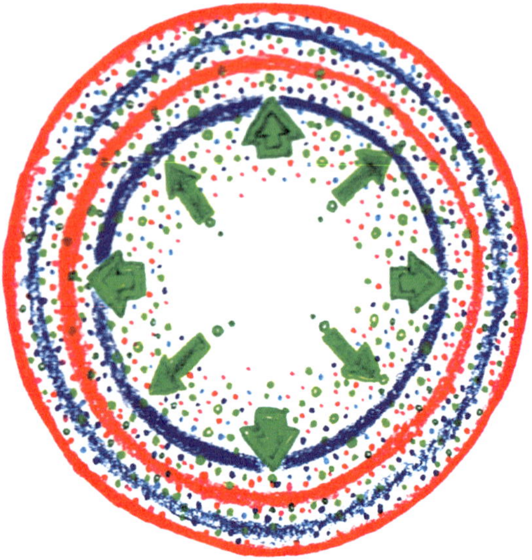

〈물질입자의 생성〉

생명장 안에 내재된 정보는 의지의 지각성과 분별성으로 인해 긍정성과 부정성이 더해져서 유입될 당시와는 다른 성향으로 내재되어 있다.
이렇게 내재된 정보는 각각이 생성해 내는 주파수를 갖고 있다.
그것을 '정보 값'이라 한다.
정보 값은 생명장을 이루고 있는 에너지장에 파동을 일으킨다.
이때 생명장 안에 유입된 정보는 본성 정보와 밝은 성품이 부딪치면서 일으키는 자연 정보, 의지 정보 등이다.

정보가 내재될 당시 생명장은 세 종류의 에너지로 이루어져 있었다.
정보는 각각의 성향에 따라 세 종류의 에너지장 안에 서로 다른 위치를 점하게 된다.
의지의 부정성으로 유입된 정보는 음 에너지 공간에 내재된다.

의지의 긍정성으로 인해 유입된 정보는 양 에너지 공간에 내재된다.
의지의 지각성만이 작용하고 분별성이 작용하지 않은 정보는 밝은 성품 공간에 내재된다.

정보가 내재된 에너지 공간은 정보가 생성해 내는 주파수로 인해 요동하게 된다.
그러면서 정보가 내재된 위치를 중심으로 에너지의 응집이 일어나게 된다.

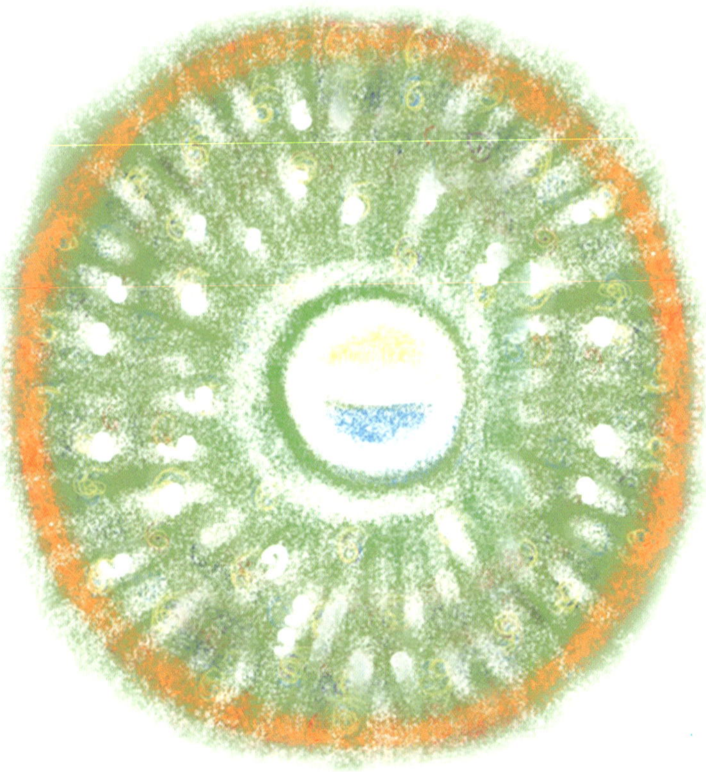

〈초양자에너지의 응집〉

이렇게 응집된 에너지는 때로는 입자성을 띠게 되고 때로는 파동성을 띠게 된다.
이 과정으로 생명 공간 안에 양자 공간이 생겨난다.
생명 공간에 양자성이 나타난 현상은 세 종류의 에너지가 부딪치기 이전에 일어난다.

이런 상태에서 세 종류의 에너지가 부딪치는 현상이 일어나자 양자화되었던 에너지가 입자성으로 바뀌게 된다.
그것이 바로 물질 입자의 생성이다.
이때에 생겨난 물질 입자는 세 종류가 있다.
밝은 성품의 성향을 띤 것과 음 에너지 성향을 띤 것, 양 에너지 성향을 띤 것이 바로 그것이다.
물질 입자가 생겨날 당시 생명공간의 구조는 양 에너지가 테두리가 되고 음 에너지가 중간을 이루고 밝은 성품이 중심부를 이루는 형태였다.

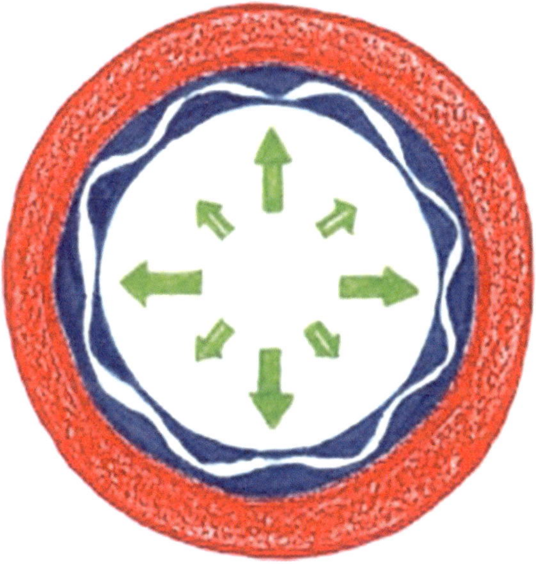

〈에너지의 층〉

그러다가 물질 입자가 생겨난 이후에는 양 에너지 공간이 테두리가 되고 물질 입자 공간이 중간을 이루고 밝은 성품 공간이 중심부를 이루는 구조를 갖게 되었다.

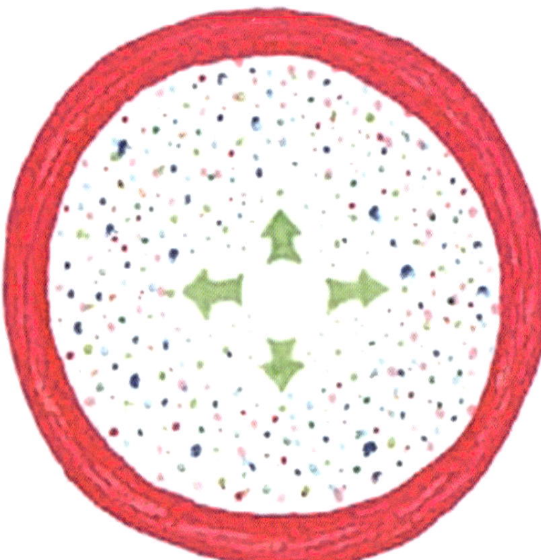

〈물질입자의 층〉

이렇게 생겨난 물질 입자들은 중심부를 향해 이동하게 된다.
물질 입자는 안정된 공간을 향해 흐르는 성향이 있다.
물질 입자의 원인이 되었던 에너지가 본래 본성에서 생성되었기 때문이다.
물질 입자의 이러한 성향을 물질의 회귀적 본능이라 한다.

중심부를 향해 흐르던 물질 입자들은 중심부에 가까워질수록 분열하게 된다.

〈물질입자의 분열〉

물질 입자가 분열하게 되면 새로운 에너지가 생겨난다.
이때 생성된 에너지가 전자기 에너지이다.
전자기에너지는 열과 압력을 수반한다.
물질 입자가 분열하면서 생성해낸 열과 압력이 생명공간 중심부에 도달하자 생명은 전자기에너지에 대한 부정성을 일으켰다.
전자기에너지에 대해 일으킨 부정성은 전자기에너지를 생명공간의 테두리 쪽으로 밀어내게 되었다.
그러면서 물질 입자 또한 함께 밀려나게 되었다.
테두리 쪽으로 밀려난 물질 입자는 물질의 회귀성으로 인해 다시 생명의 중심부로 향해지고 앞의 과정이 반복되었다.
그 과정에서 일어난 것이 물질 입자의 진동이다.

〈물질입자의 진동〉

물질 입자의 진동이 반복되면서 진동의 속도가 점점 빨라졌다. 그와 함께 생명이 갖고 있는 부정성도 점점 더 커지게 되었다.

이때에 생명이 물질 입자에 대해 일으킨 분별은 부정성만이 있었던 것은 아니다.
긍정성도 함께 작용했다.
세 종류 물질 입자에 대해 긍정성과 부정성이 행해지면서 생명의 고유진동수는 한 단계 더 높아졌다.
물질 입자의 진동속도가 정도 이상 빨라졌을 때 생명의 지각성이 작용하지 못했다.
생명이 지각성을 잃어버린 상태를 '혼돈'이라 한다.
혼돈에 빠진 생명은 지각적 분별을 하지 못하고 물질 입자로 하여금 생명의 중심부에 좀 더 가까워지도록 한다.
그러면서 생명의 중심부에 전자기 에너지양이 비약적으로 증가한다.
중심부의 에너지양이 높아지면 테두리 쪽으로 에너지의 이동이 일어난다.
이 과정이 반복되면서 물질 입자의 진동이 한계속도에 달하고 물질 입자는 양 에너지로 이루어진 생명의 틀을 뚫고 벗어난다.
생멸문은 여래장 안에 떠 있는 거품과 같다.
때문에 물질 입자가 생명의 틀을 뚫고 벗어난 것은 거품을 터뜨리고 여래장 속으로 확장되었다는 의미이다.
여래장은 생명의 근본에서 생성되는 밝은 성품으로 이루어진 '공간'으로 존재한다.
양 에너지의 틀이 뚫린 상태에서 생멸 공간을 이루고 있던 밝은 성품 에너지가 물질 입자와 함께 대량으로 방출된다.
이렇게 방출된 밝은 성품 또한 여래장을 이루는 밝은 성품과 섞이지 않는다.

층을 이루고 존재한다.
내재하고 있는 고유진동수가 다르기 때문이다.
여래장 공간 안에 물질 공간이 생겨나면 밝은 성품으로 이루어진 초양자 공간도 이중으로 중첩된 형태로 존재한다.
물질 입자의 진동이 사라지고 생명은 다시 본성에 대한 지각력을 회복한다.
생명의 틀을 뚫고 벗어난 물질 입자들은 물질 공간을 형성하게 되고 지각력을 회복한 생명은 여섯 개로 틀 지워진 식의 차원을 갖게 된다.

생명이 여섯 개로 틀 지워진 식의 차원을 갖게 된 것은 세 종류 물질 입자에 대한 긍정성과 부정성이 원인이 되었다.
여섯 개의 식의 틀을 갖게 된 최초 생명을 '원초신'이라 부른다.

〈원초신〉

원초신이 여러 개의 생명으로 분리되어서 천지만물이 생긴다. 물질 입자가 생명의 틀을 뚫고 벗어난 뒤 여섯 개로 차원화된 의식계를 갖고 있던 원초신은 명색의 과정을 통해 내부 의식간의 교류를 이루고 그 과정에서 객체 의식의 분리가 일어난다.

〈내부의식간의 교류와 객체의식의 분리〉

객체 의식의 분리는 두 가지 형태로 일어난다.
처음에는 자연적으로 객체 의식이 분리되고 나중에는 의도적으로 객체 의식이 분리된다.
이 과정을 '자연 분리'와 '인식 분리'라 한다.
원초신에서 분리된 객체 의식을 원신이라 부른다.
자연 분리와 인식 분리를 통해 여섯 종류의 원신이 생겨난다.

신, 인간, 동물, 식물, 원생물, 무정물이 그것이다.

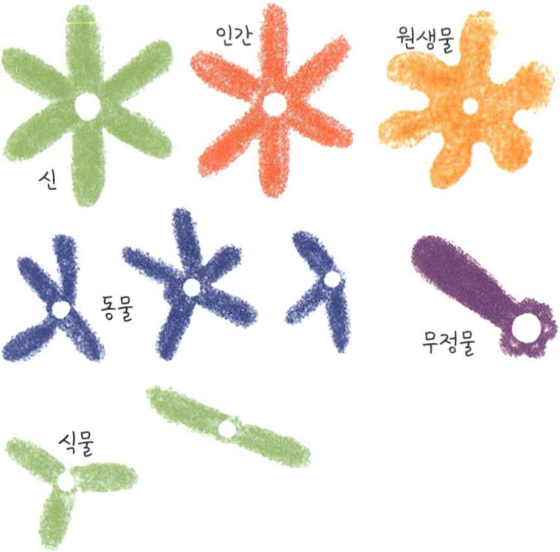

〈여섯종류의 원신〉

원신은 영의 상태로 존재한다.
물질 입자가 생겨나고부터는 생멸문의 고유진동수가 점점 높아진다.
물질 입자의 생성과정에서 쌓아진 정보와 물질 입자 자체에 대한 의지의 지각성이 생멸문의 고유진동수를 높이는 원인이다.
원초신에서 분리된 원신들은 영의 몸을 갖춘 상태로 생명공간에서 활동한다.

물질 입자가 양 에너지의 틀을 뚫고 벗어나고부터는 생멸문은 생명 공간과 물질 공간으로 뚜렷하게 구분된 영역을 갖게 된다.

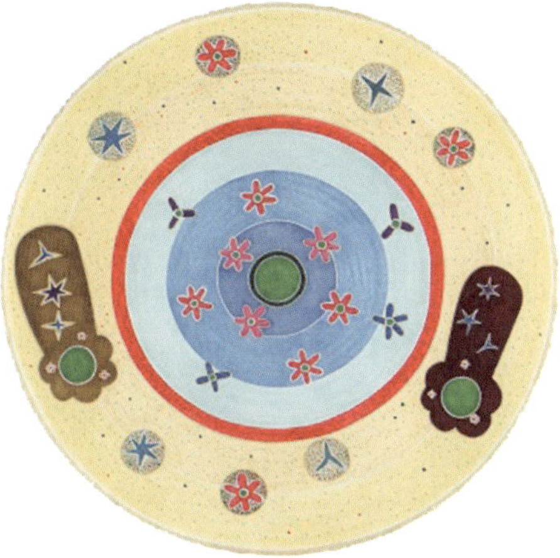

〈생명공간과 물질공간〉

혼의 몸은 영의 상태로 있던 원신들이 물질 공간으로 이주해 오면서 생긴다.

〈혼의 몸〉

원초신에서 분리된 원신들 중에 무정을 이루는 원신들이 처음으로
물질 공간에 이주해왔고 원생물, 식물, 동물, 인간, 신의 순서로 물질 공간으로 이주해온다.

원신들이 생명공간에서 물질 공간으로 이주해가는 것은 원신 스스로가 갖고 있는 고유진동수로 인해서이다.
원신 안에 내재된 정보들의 작용으로 만들어지는 고유진동수는 원신이 처해진 공간이 정해지는 원인이 되고 원신의 크기를 결정하는 원인이 된다.
처음 원초신의 상태일 때는 고유진동수가 8이었다.
그러다가 원신이 분리될 무렵에는 9, 10, 11진동이 되었다.

원초신에서 분리된 원신들 중 11진동을 갖고 있는 원신들은 분리되자마자 물질 공간으로 이주해갔고 10진동 9진동을 갖고 있던 원신들은 고유진동수가 높아지는 순서대로 나중에 물질 공간으로 이주해간다.
그중 인간의 원신들은 처음 원초신에서 분리될 때는 9진동의 상태였다.
나중에 고유진동수가 11진동으로 높아지면서 물질 공간으로 이주해가게 된다.

인간 원신으로 하여금 고유진동수를 높아지게 한 것은 두 가지 원인이 작용했다.

첫 번째 원인은 다른 존재를 인식하면서 상대적 교류가 일어났기 때문이다.
두 번째 원인은 상대적 교류를 통해 기억된 대상을 떠올리면서 생겨난 비교의식 때문이다.
영의 상태에서 생각을 일으키면 생각되었던 대상이 밝은 성품에너지로 형상화된다.
이렇게 생긴 형상을 '상념체'라 부른다.

〈상념체〉

상념체는 상념을 일으킨 본인도 인식할 수 있지만 상대도 볼 수가 있다.
그런 상태에서 상대가 일으킨 상념체에 대해 비교의식을 갖게 되면서 고유진동수가 한 단계 높아지게 된다.
인간 원신의 상념으로 창조된 상념체는 인간 원신의 생각이 끊어지면 그 상태 그대로 물질 공간으로 이주해가서 무정의 공간 속에 머물게 된다.
이 상념들이 원신에 의해 창조된 최초의 창조물이다.
이들은 무정의 공간에 포함되어 있다가 나중 별이 형상화될 때 함께 물질화되면서 새로운 생을 살게 된다.
상념체에 대한 비교의식으로 고유진동수가 11진동이 된 인간 원신들은 생명공간을 벗어나서 물질 공간으로 이주해오게 된다.

이 당시 물질 공간은 11진동에서부터 14진동에 이르기까지 다양한 진동을 갖고 있는 물질 입자들로 이루어져 있었다.
이런 물질 공간에 원신이 처해지면 원신의 고유진동수와 같은 진동을 갖고 있는 물질 입자들이 원신의 영과 결합하게 된다.
물질 공간으로 이주해온 원신들은 물질 공간의 거칠음에 대해 거부 의식을 일으키면서 고유진동수가 한 단계 높아지게 된다.
이렇게 되자 11진동을 갖고 있는 물질 입자들과 12진동을 갖고 있는 물질 입자들이 원신의 영과 결합하였다.
원신의 영과 결합된 물질 입자들은 원신의 몸이 된다.

물질 입자로 이루어진 원신의 몸을 '혼'이라 한다.
이때 원신의 몸을 이루고 있는 혼의 입자들은 양자성을 띠고 있는 물질이었다.
원신들이 혼의 몸을 갖고부터는 두 가지 큰 변화를 겪게 된다.
첫 번째 변화가 의식체계의 변화이다.
두 번째 변화가 공간 상태의 변화이다.

의식체계의 변화는 감정이 생겨난 것이다.
감정은 의식 정보와 의지 정보가 물질 입자 속에 내재되면서 생겨난다.
물질 입자들은 처음 만들어질 때부터 정보가 바탕이 되어 에너지를 응집시킴으로서 생겼다.
그렇기 때문에 정보를 내재시키는 기능이 이미 갖추어져 있었다.

그런 물질 입자가 처음 만들어질 때와는 다르게 원신의 영이 갖고 있는 방대한 정보를 받아들이면서 입자구조에 변화가 생겼다.
이것이 공간 상태가 변화된 원인이다.
원신이 갖고 있는 의식 정보와 의지는 시시때때로 변화하는 성향을 갖고 있다.
그러면서 고유진동수 또한 함께 변화를 일으킨다.
물질 입자로 이루어진 혼의 공간이 원신이 일으키는 고유진동수의 변화에 적응하려면 때로는 분열해야 하고 때로는 융합해야 한다.
이 과정을 '성'이라 한다.

성의 과정을 통해 혼의 공간을 이루는 물질 입자들은 처음 상태와는 다르게 변화를 일으킨다.
즉 분열과 융합이 용이하도록 입자구조가 바뀐 것이다.
성의 과정으로 변화된 물질 입자들은 현재의 원자와 비슷한 구조를 갖고 있다.
감정은 의식과 의지의 정보가 물질 입자에 기록되었다가 다시 표출되면서 생겨난다.
물질 입자에 기록될 때에도 정보가 갖고 있는 고유진동수에 맞게 각기 나누어져서 저장되었다가 새로운 현상에 대한 인식이 이루어질 때나 생각이 일어날 때 함께 표출되면서 감정이 생긴다.
감정과 의식의 다른 점은 감정에는 물질 입자의 파동성과 입자성이 함께 내재되어 있는 것이다.
즉 양자성이 있다는 말이다.

그와 비견해서 의식은 그 기반이 밝은 성품의 초양자성이다.
초양자성은 입자성이 없고 파동성만 있다.
물질 입자의 양자성은 정보가 표출될 때 같은 진동을 갖고 있는 입자들끼리 공명하도록 하고 여운을 만들어 낸다.
이때의 여운을 느낌이라 하는데 이 느낌이 감정을 일으키는 주체이다.
감정이 생겨나고 나서 생명은 마음을 이루는 세 가지 요소를 갖추게 된다.
의식 감정 의지가 가제를 이루는 세 가지 요소가 된 것은 이런 과정을 통해서이다.
혼의 몸을 갖추게 된 인간 원신들은 이때부터 또 다른 생의 과정을 맞이하게 된다.
그것이 바로 촉·수·애·취의 과정이다.

* 혼의 몸은 어떤 과정을 통해 육체의 몸이 되는가?

혼의 몸이 육체의 세포 구조물로 변화된 것은 크게 세 가지 원인으로 인해서이다.
첫째가 원신의 고유진동수가 높아진 것이다.
둘째가 체백으로 인해서이다.
셋째가 별의 인력 때문이다.

혼을 몸으로 삼은 원신의 고유진동수가 높아진 것은 촉·수·애·취의 과정을 거치면서이다.
촉이란 혼의 몸을 갖고 있는 원신들이 몸을 통한 공간적 교류를 행한 것을 말한다.

〈부분적 촉〉

혼의 몸을 이루고 있는 물질 입자들이 서로 접촉되어서 상대의 혼과 서로 섞이게 된 것을 촉이라 한다.
촉의 현상이 일어나는 생명들끼리는 감정적 교류가 함께 이루어진다. 촉의 현상은 부분적으로 이루어지는 경우도 있고 전체적으로 이루어지는 경우도 있다.

〈전체적 촉〉

부분적 촉이 이루어질 때는 혼의 영역만 교류되고 전체적 촉이 이루어질 때는 영의 영역까지 교류된다.
촉이 있고부터 원신 생명에게는 세 가지 큰 변화가 생겼다.
상대와 감정적 교류를 하게 됨으로써 갖추게 된 감성을 갖게 된 것이 그 하나이다.

대상에 대한 그리움을 갖게 된 것이 그 둘이다.
자식을 갖게 된 것이 그 셋이다.
촉의 과정에서 갖추게 된 감성을 '수' 라 한다.

〈수〉

대상에 대한 그리움을 갖춘 것을 '애' 라 한다.

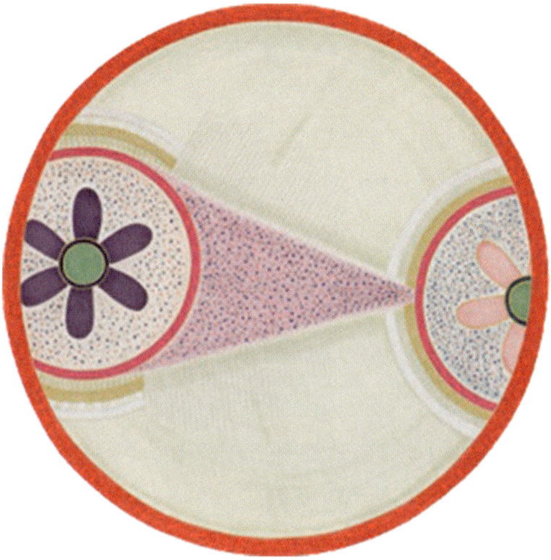

〈애〉

촉, 수, 애, 취의 과정을 거치면서 원신생명의 고유진동수는 한 단계 더 높아져서 13진동이 된다.
고유진동수가 높아지면 생명의 몸이 줄어든다.
때문에 촉·수·애·취 과정을 거친 혼생명의 몸은 그것을 거치지 않은 생명과 비교해서 월등하게 작은 상태였다.
수와 애의 감성은 부분적 촉을 이룬 원신보다도 전체적 촉을 이룬 원신들이 더욱더 강했다.
이런 존재들을 '분리체' 라 한다.

촉의 과정에서 자식을 갖게 된 것은 분리체들에게 일어난 일이다.
영의식의 범위까지 전체적 촉을 이루었던 분리체들은 그 시간 동안 서로 간에 공감대가 되었던 공통의 주제를 놓고 함께 사유하게 된다.
그 과정에서 상념체가 생겨나고 자연 분리와 인식 분리가 같이 일어난다.

인간 원신의 경우, 영의 상태로 존재할 때는 자식을 만들지 못했다.
인간 원신은 본성에 대한 인식력이 약해서 밝은 성품 에너지를 생성해 내는 양이 적었기 때문이다.
인간 원신과 비교해서 신의 원신은 넘쳐나는 밝은 성품 에너지를 갖고 있었기 때문에 영의 상태에서도 인식 분리를 통해 자식을 만들 수가 있었다.
인간 원신들은 전체적인 촉을 이루고 난 뒤에 넉넉한 생명력을 갖추게 되었다.
두 명의 원신이 합쳐져서 근본 정보가 더해지자 밝은 성품의 생성이 비약적으로 늘어나고 촉의 과정에서 분열하고 융합하는 물질 입자들이 만들어내는 전자기에너지는 그들이 만들어내는 에너지의 원천이 되었다.

넘쳐나는 에너지와 서로 간에 한 몸이 된 데서 생겨난 일체감, 자식을 분리시킬 수 있는 창조의 기쁨에 취해 있던 분리체가 다시 본래대로 분리되면 어느 순간 갑자기 그런 능력들이 사라져 버린다.

이런 상태에 처해진 분리체들은 또다시 전체적인 촉을 이룰 수 있는 대상을 찾아 헤매게 된다.
그것이 '애'이다.
애를 통해 전체적 촉을 이룬 것을 '취'라 한다.

취를 이룬 분리체들은 그 상태를 지속해가기 위해 노력하면서 충만감과 충족감에 빠지게 된다.
분리체가 취를 이룰 때는 애가 일으킨 파동이 공간에 전사된다.
그때 애의 파동을 공유하는 상태가 나타나면 취가 이루어지는 것이다.
분리체들은 취를 이루고 있을 때만이 생명으로서 가치를 느끼는 것처럼 반복적으로 취를 행하게 된다.
그 과정에서 고유진동수는 더욱더 높아지게 된다.

취의 과정에서 분리된 분리체의 자식들은 부모 원신이 갖고 있던 정보를 이어받게 된다.
이때의 정보는 영의식에 내재되었던 본성 정보와 식과 의의 정보, 그리고 혼의식에 내재되어 있던 심의 정보이다.
영의식의 정보는 밝은 성품 공간에 저장되어 이어지고 혼의 정보는 혼을 이루고 있는 물질 입자에 저장되어 이어진다.
분리체들의 자손들은 취의 과정에서 합쳐졌던 양쪽 원신의 정보를 공통으로 이어받게 된다.
때문에 부모 원신보다도 훨씬 더 방대한 정보를 내재하고 있다.
정보의 내재가 많아지면 심식이 풍요로워지기도 하지만 고유진동수는 더욱 높아지게 된다.
그런 상황에서 각성이 심식의의 정보에 치중하고 근본 정보를 인식하는 것을 도외시하게 되면 밝은 성품을 생성해 내는 기능이 약해지게 된다.
고유진동수가 높아지면서 밝은 성품의 생성이 감소되면 몸의 크기가 현격하게 줄어든다.
이런 연유로 분리체의 자손들은 부모 분리체보다 월등하게 작은 몸을 갖게 된다.

취의 과정을 거친 분리체들과 분리체의 자손들은 15진동의 고유진동수를 갖게 된다.
이 당시 물질 공간을 이루고 있던 물질 입자들이 14진동의 상태였다.
14진동의 물질 공간에 15진동의 분리체들이 처해지게 되자 물질 공간을 이루고 있던 물질 입자들이 15진동으로 변화를 일으키게 된다.
14진동이 15진동에 맞춰지려면 입자 간의 결합이 일어난다.
물질 입자의 결합은 대량의 전자기에너지를 방출시키는 원인이 된다.
이때 생겨난 엄청난 열과 압력이 물질 공간 전체를 휩쓸고 지나가면서 공간에 변화가 일어난다.
이 당시 물질 공간은 혼의 몸으로 이루어진 생명공간과 생명공간에 포함되지 않은 일반 공간으로 나누어진 상태였다.
일반 공간을 '궁창'이라 부른다.
식물 동물 원생물 상념체들은 별 생명의 원신 공간에 함께 내포된 상태였다.
원신체의 공간과 궁창으로 이루어진 물질 공간에 분리체가 방출해내는 엄청난 열과 압력이 가해지자 공간이 플라즈마 상태가 된다.
그러다가 시간이 지나면서 점점 식어가게 된다.
그 과정에서 생명정보를 내재하고 있던 혼의 입자들이 원신 공간을 벗어나서 물질 공간으로 방출되게 된다.

혼을 이루던 물질 입자들이 서로 결합되면서 '체백'이 만들어진다.
체백은 생명정보를 내장하고 있는 물질 입자가 결합해서 만들어진 일종의 미생물이다.
이렇게 생겨난 체백은 물질 공간 전체에 퍼져서 공간의 고유성을 유지시키는 매개인자가 된다.
원신체의 공간에서는 혼성과 공존하면서 공간의 고유 형질을 유지시키는 역할을 하고 별 공간 안에서는 삼체공간이 고유한 형질을 유지하도록 하는 매개인자가 된다.
궁창에서도 궁창의 고유 형질을 유지시켜가는 역할을 하게 되는데 만약 체백이 처해져 있던 공간에서 벗어나면 그 공간은 고유 형질을 잃어버리고 붕괴되거나 다른 공간에 흡수되는 변화를 일으킨다.

체백은 독자적인 생명성을 갖고 있는 작은 미생물이면서도 스스로가 속한 공간의 고유진동수를 읽어서 공간과 공생하는 기질을 갖고 있다.
체백이 다른 공간에 속해지면 자기 안에 내장되어 있던 정보를 그 공간에 심어주는 역할을 한다.
체백의 이런 기능은 생명으로 하여금 유전적 형질을 갖게 하는 원인이 되었다.

체백이 속해 있는 공간은 환경만 조성되면 언제든지 생명이 출현할 수 있는 조건이 된다.

체백이 출현하고부터 원신체의 생명공간과 물질 공간은 커다란 변화를 맞이한다.
특히 분리체들의 혼에 큰 변화가 생기고 별의 원신 공간에 큰 변화가 생기는데 그것이 바로 육체의 출현과 별의 형성이다.
체백은 두 가지 근본을 갖고 있다.
하나는 원초신에서 분리된 원생물이 혼의 생명정보와 합쳐진 것이고 또 하나는 혼의 입자가 결합하면서 분자화되고, 분자의 결합으로 미생물화된 것이다.
혼의 공간에 체백이 생겨나면서 분리체들은 또 다른 생을 맞이하게 된다. 그것이 바로 표면의식의 갖춤이다.
표면의식이란 눈, 귀, 코, 입, 몸, 머리로 이루어진 인식 기관을 말한다.

〈표면의식〉

영혼으로 존재할 때에는 식의 구조로서 눈식, 귀식, 코식, 언어식, 몸식, 의식으로 이루어진 식의 근본이 있었다.
이는 세 가지 형질로 이루어진 물질 입자에 대해 의지가 지각적 분별로서 긍정성과 부정성을 일으킨 것이 원인이 되어 생겨난 것이다.
원초신의 여섯 가지 주체의식이 그 과정에서 생겨나고 주체의 식의 교류를 통해 만들어진 객체 의식이 분리되면서 원신이 되었기 때문에 원신들도 각각의 종류에 따라 서로 다른 주체의식을 갖고 있었다.
인간은 여섯 개의 주체의식을 갖고 있고 신도 여섯 개의 주체의식을 갖고 있었으며 동물은 세 개, 네 개, 다섯 개를 갖고 있고 식물을 두 개와 세 개를 갖고 있다.
무정은 한 개의 주체의식을 갖고 있다.

원신들이 갖고 있는 주체의식을 식근이라 부른다.
생명은 식근을 몇 개 가지고 있느냐에 따라 동물이냐 식물이냐 무정물이냐 인간이냐 신이냐 등으로 구분된다.
생명은 식근의 개수에 따라 형태가 이루어지고 그것은 후에 그 생명의 모습을 결정하는 원인이 된다.
인간이 인간의 모습을 하고 있는 것은 인간을 이루는 식근이 여섯 개로서 동등하기 때문이다.
식근은 영혼으로 존재할 때는 뚜렷한 구조물로서 틀 지워지지 않았다.
하지만 체백이 생겨나고부터는 구조물로서 형태를 갖추게 되었는데 그것이 바로 육근, 즉 눈, 귀, 코, 입, 몸, 머리이다.

체백이 생겨난 혼의 공간은 체백을 중심으로 혼의 입자들이 뭉쳐지면서 비약적으로 축소된다.
원신이 처음 영 생명으로 존재할 때는 그 크기가 하나의 은하계 만한 상태였다.
그러다가 혼의 몸을 갖고부터는 태양계 만하게 줄어들었고 촉, 수, 애, 취를 거치면서는 태양의 크기만 하게 줄어들었으며 체백이 생겨나고부터는 100킬로미터 정도의 크기를 갖게 되었다.
원신의 크기가 이와 같이 줄어든 것은 고유진동수가 높아지면서부터이다.
체백이 형성될 당시 원신의 고유진동수는 15였다.
한 개의 체백은 그 크기가 0.5nm 이하이다.
그런 체백이 혼의 입자를 결속시키면 그 크기가 약 45cm 정도가 된다.
체백은 둥근 형태를 하고 있고 번쩍번쩍 빛나는 모양을 갖고 있다.

〈체백〉

체백은 밝은 성품 에너지로 양분을 삼는다.
전자기 공간 안에서는 전자가 나선 운동을 할 때 밝은 성품 공간이 나타난다.
그렇기 때문에 체백들은 전자가 나선 운동을 하는 공간에 모여 있게 된다.
체백이 생성된 공간은 전자기 공간이다.
공간은 밝은 성품으로 이루어진 초양자 공간과 입자와 파동이 공존하는 양자 공간, 그리고 입자로 이루어진 전자기 공간으로 구분된다.
물질 입자로 이루어진 물질 공간은 양자 공간과 전자기 공간이 공존하고 생명공간은 초양자 공간이다.

물질 공간도 맨 밑바탕은 초양자로 이루어져 있다.
초양자 공간의 매트리스 위에 정보가 내재되면 양자공간이 나타나고 양자공간의 고유진동수가 높아지면 전자기공간이 나타난다.
전자기 공간 안에서 전자가 나선 운동을 하면 나선의 끝점에서 초양자 공간이 나타난다.
마치 공간 터널이 뚫린 것처럼 전자의 나선 터널을 타고 초양자 에너지가 흘러나오면 그때 체백들이 초양자 에너지를 섭취하려고 그 공간으로 모여들게 된다.

〈전자의 나선운동과 체백〉

혼의 공간 안에서도 원신의 고유진동수가 변화를 일으킬 때마다 물질 입자의 결합과 분리가 이루어지는데 그때 전자들이 나선 운동을 한다.
이런 연유로 생명의 원신 공간 안에는 다른 공간과 비교해서 월등하게 많은 체백들이 모여 있게 된다.
체백을 중심으로 혼의 입자들이 응집되면 혼의 공간은 수많은 체백의 덩어리들로 채워지게 된다.
식과 의의 정보가 심의 정보와 교류하고 그 상태에서 체백이 갖고 있는 내장 정보가 교류의 대상이 되면서 분리체들이 갖게 된 정신 체계가 표면의식이다.
체백들은 하나하나가 독립된 생명성을 갖고 있는 미생물이다.
체백이 지배하는 공간에서는 체백의 의도가 우선시 된다.
체백은 혼을 이루는 물질 입자들을 나선으로 배열해서 초양자 에너지를 효율적으로 섭취할 수 있는 구조를 만든다.
이것은 후에 유전자의 이중 나선 구조가 생겨난 원인이 된다.

표면의식은 체백과 혼을 이루는 물질 입자의 결합으로 이루어진 물질 기관이다.
현재 인간이 갖고 있는 눈, 귀, 코, 입, 몸, 머리 와 가장 근접한 형태를 갖고 있다.
표면의식이 생기고부터 영의 몸과 혼의 몸은 표면의식 안에 내재된다.

영의식과 혼의식이 표면의식 안에 내재되는 것은 각기 위치가 다르다.
영의식은 체백과 체백의 공간 사이에 내재된다.

혼의식은 체백을 중심으로 덩어리진 형체 안에 내재된다.
영의식의 내재가 그렇게 이루어진 것은 영의식은 초양자 공간 안에 저장되어 있기 때문이다.
분리체의 생명공간은 분리체가 생성해 내는 밝은 성품의 초양자 에너지가 바탕이 되고 그 에너지 공간 위에 혼의 입자와 체백이 자리를 잡은 상태이다.
그렇기 때문에 영의식은 자연스럽게 체백과 체백 사이에 내재된 상태로 존재한다.
체백과 덩어리를 이룬 혼의 공간에 내재된 혼의식은 영의식과 정보를 공유하면서 중심 체백과 소통하고 그러면서 다른 체백의 의식과도 소통을 하게 된다.
혼의식이 주변의 체백과 정보를 공유할 때는 가느다란 실같은 관을 내보내서 접촉을 이룬 다음 교류하는데 이때 생성된 가느다란 관을 '미세소관'이라 한다.
미세소관은 '애'와 '취'의 과정에서 분리체들이 일으켰던 그리움으로 인해 분리체로부터 전사되었던 에너지의 파동이 물질화되어 나타난 것이다.
체백의 공간을 이루고 있는 혼의 입자들은 촉, 수, 애, 취의 과정을 거쳐왔기 때문에 분리체가 갖고 있던 그리움의 성향을 내장하고 있다.
그런 상태에서 주변 체백과 교류하고자 하는 갈망이 일어나자 에너지 파동과 함께 물질화된 관이 생겨난 것이다.

생명의 몸이 체백으로 이루어진 때를 12연기의 과정에서는 '유'라 한다.
유는 비로소 형상이 드러났다는 뜻이다.

생명의 몸이 체백으로 이루어진 유의 상태가 되고 의식이 표면의식을 갖게 되면서 영의식과 혼의식은 표면의식 안에 갇힌 상태가 된다.
이런 상태가 되자 생명은 지금까지 겪어보지 못했던 답답함과 무기력함에 빠지게 된다.
특히 촉, 수, 애, 취를 겪어왔던 분리체들은 활동이 정체된 데서 오는 답답함 때문에 내적인 번뇌가 극도에 달하게 되었다.
이 상태에서 분리체들이 일으킨 교류적 욕구가 의도로 나타나자 영의식과 혼의식에 그 의도가 전해지면서 주변 체백과의 교류를 시작했다.
미세소관은 분리체 내부를 구성하는 체백들을 하나로 연결했고 나아가서는 다른 생명들과 교류할 수 있는 통로도 만들었다.
그 결과로 눈, 귀, 코, 입, 몸, 머리의 '표면의식계'가 생겨났다.

미세소관으로 이루어진 체백의 공간을 '세포'라 한다.
이 당시 생겨난 세포는 그 크기가 45cm 정도였고 현재의 세포 구조물처럼 복잡한 구조를 갖고 있는 것은 아니었다.
세포로 이루어진 생명의 몸을 '육체'라 한다.
원시세포로 이루어진 육체는 콜로이드 상태에 가까운 반고체 상태였다.
눈은 보는 식근의 작용이 미세소관을 형성해서 생겨난 표면의식이다.
귀는 듣는 식근의 작용이 미세소관을 형성해서 생겨난 표면의식이다.
코는 숨 쉬는 식근의 작용이 미세소관을 형성해서 생겨난 표면의식이다.

입은 말 하는 식근의 작용이 미세소관을 형성해서 생겨난 표면의식이다.
몸은 감각을 느끼는 식근의 작용이 미세소관을 형성해서 생겨난 표면의식이다.
머리는 생각하는 식근의 작용이 미세소관을 형성해서 생겨난 표면의식이다.

분리체의 고유진동수가 높아지면서 방출된 엄청난 열과 압력이 물질 공간 전체를 휩쓸고 지나가고 나서 물질 공간은 큰 변화를 맞이하게 되었다.
특히 생명 공간중에 무정의 공간에 일어난 변화가 생멸문의 연기에 큰 영향을 미쳤는데 그것이 바로 '별'의 형성이다.

분리체의 고유진동수가 15진동을 갖게 되었을 때 분리체를 이루는 혼의 입자들은 서로 결합하면서 분자화되었다.
이때 14진동을 갖고 있던 분리체 밖의 물질 입자들도 분리체의 영향을 받아 함께 결합하게 되었다.
그렇게 된 것이 분리체의 고유진동수가 물질 공간 전체의 고유진동수를 한 단계 더 올려놓았기 때문이다.
분리체의 공간에서 쏟아져 나온 열과 압력은 그 자체 내에 한 단계 더 높아진 고유진동수를 내재하고 있었다.
때문에 열과 압력이 휩쓸고 지나간 공간은 고유진동수가 한 단계 더 높아진 상태였다.
그 당시 물질 공간은 생명공간과 궁창으로 이루어져 있었다.
생명공간은 원신체 공간으로서 식물 동물 원생물 등이 무정의 공간 안에 함께 내재되어 있었고 상념체 공간 또한 무정의 공간에 속해 있었다.
분리체들이 뱉어낸 엄청난 열과 압력이 물질 공간 전체에 영향을 미치자 무정의 공간과 궁창 또한 그 영향을 받게 되었다.
그 과정에서 무정의 공간을 이루던 물질 입자들과 궁창을 이루던 물질 입자들도 결합하게 되었다.

물질 공간이 이런 상황에 처해지자 공간 전체에 엄청난 에너지의 방출이 생겨났다.
이것이 대폭발 즉 '빅뱅'이다.

물질 입자가 생성된 이후로 공간에는 세 번의 대폭발이 있었다.
첫 번째 폭발이 물질 입자들이 생명공간의 틀을 뚫고 벗어날 때 있었다.
두 번째 폭발이 혼의 몸이 형성되는 '성'의 과정에서 있었다.
세 번째 폭발이 육체가 형성되면서 있었다.

첫 번째 대폭발의 원인은 혼돈에 처해져 있던 생명이 일으킨 강한 거부 의식으로 인해 생겼다.
두 번째 폭발의 경우도 촉, 수, 애, 취의 과정을 거치면서 높아진 고유진동수에 의해 물질 입자들이 결합하면서 생겼다.
세 번째 경우도 분리체들의 고유진동수가 15진동으로 높아지면서 생겼다.
이와 같이 물질 공간에 일어났던 대폭발은 그 원인이 생명의 고유진동수가 높아진 데에 있다.

대폭발이 있고 나서 공간이 식어갈 때 물질 입자의 결합이 이루어지면서 분자가 생겨나고 체백이 생겨났다.
그리고 물질 공간이 궁창과 생명공간으로 뚜렷하게 나누어지게 되었다.
별의 원신 공간을 이루던 물질 입자들도 이 과정에서 함께 분자화되었다.
이때 별의 원신 안에 내재되어 있던 식물과 동물, 원생물과 상념체를 이루고 있던 물질 입자들도 함께 분자화되었다.
물질 공간이 분자화될 때 고유진동수가 높아진 분리체 공간은 엄청난 열과 압력을 방출해내면서 쪼그라들 듯이 줄어들었다.
반면에 별의 원신들은 고유진동수가 14 이하였기 때문에 대폭발의 영향권 안에 있으면서도 에너지를 방출시키지 않고 오히려 흡수해 들였다.
분리체들보다 안정된 공간을 갖고 있었기 때문에 분리체들이 뱉어낸 열과 압력을 별의 원신 공간 내부로 받아들이는 상태였다.
물질과 에너지는 안정된 공간을 향해 흐르는 관성이 있다.
물질과 에너지가 이런 성향을 갖게 된 것은 생성의 근본이 생명의 본성이기 때문이다.
본성의 지극한 안정에서 생성된 에너지는 본성으로 향하는 적응성을 갖고 있고 그런 에너지에서 생겨난 물질 입자도 같은 성향을 갖고 있다.
물질 입자와 에너지가 갖고 있는 이러한 성향은 분리체의 공간보다 더 안정되어 있는 별의 공간으로 흘러 들어가는 원인이 되었다.
이런 연유로 별의 원신들은 대폭발의 과정에서 생겨난 엄청난 에너지를 흡수하게 된다.
그러면서 별의 공간이 부풀어나기 시작한다.
이런 현상은 공간이 식어서 안정될 때까지 계속된다.
공간이 식어가자 궁창은 궁창대로 허공의 모습으로 안정되고 별의 원신들도 분자화된 표면이 점차 식어간다.
이런 과정을 통해 별의 공간이 형상화되었다.

별의 원신들이 처음 원초신에서 분리될 때는 고유진동수가 같았다.
하지만 별의 공간 안에 다른 생명이 깃들고부터는 그 생명들이 생성해 내는 정보 값에 따라 서로 고유진동수가 차이 나게 되었다.
원신 공간 안에 많은 생명을 내장하고 있는 별들은 고유진동수가 높은 상태가 되었고 적은 생명을 내장하고 있는 별들은 고유진동수가 낮은 상태가 되었다.
높은 고유진동수를 갖고 있는 별들은 작은 별이 되었고 낮은 고유진동수를 갖고 있는 별들은 큰 별이 되었다.
대폭발 이후에 서로 다른 크기의 별들이 생겨났는데 그 원인이 이와 같은 이유였다.
별이 형상화되고부터 물질 공간 안에는 새로운 현상이 생겨났다.

그것이 바로 '인력'이다.
인력의 근본은 안정된 공간으로 향하고자 하는 물질과 에너지의 관성이다.
그 당시에는 별의 원신이 가장 안정된 고유진동수를 가지고 있었기 때문에 물질 공간을 구성하고 있는 물질 입자와 에너지의 흐름이 별의 공간을 향해 흘러가는 상태였다.
물질 공간 전체에 수많은 별들이 생겨나고 각각의 별들이 발산해내는 인력이 물질 공간에 펼쳐지자 원시세포로 이루어진 몸을 갖고 있던 분리체들도 그 영향을 받게 되었다.
별의 원신보다 높은 고유진동수를 갖고 있는 분리체들은 별의 공간으로 끌려 들어가는 자신들의 몸을 통제하기 위해 인력에 저항하기 시작했다.
이 과정에서 만들어진 것이 육장 육부이다.

체백과 혼을 이루는 물질 입자, 원시세포와 미세소관으로 이루어진 육체를 갖고 있는 분리체들은 협소해진 몸으로 별의 인력권 안으로 끌려 들어가는 상태가 되었다.
이런 상태에 처해지자 분리체들은 인력에 저항하게 되었다.
인력에 저항하는 의지가 생겨나면서 분리체들의 고유진동수는 한 단계 더 높아지게 된다.
이때의 고유진동수가 16진동이었다.
고유진동수가 높아지면서 원시세포로 이루어진 몸은 점점 더 작아지게 되었다.
이때 세포를 이루고 있는 물질 입자들도 더욱 공고하게 결합했다.
분리체들이 처음으로 접하는 별의 인력은 몸의 활동을 부자연스럽게 하는 최대의 장애였다.
그런 장애를 극복하기 위해 분리체들은 몸의 구조에 변화를 주기 시작했다.

이 당시 분리체들의 의식은 본성을 보는 각성이 미약하게나마 남아있었고 의식 감정 의지가 우선이 되어 분별하고, 비교하고, 추억하고, 떠올리고, 감정에 빠져 있고, 원인 모를 번뇌에 시달리는 상태였다.

거기에다 별의 인력에 대한 저항감마저 생겨났으니 지금까지 한 번도 접해보지 못한 고통에 빠지게 되었다.

장애가 생기니 각성이 깨어나고 비로소 자각하게 되었다. 본성에 대한 지각력이 커지면서 고유진동수가 안정되고 밝은 성품이 생성되는 양이 늘어나게 되었다.

그러자 별의 인력에 끌려가던 육체가 안정된 상태로 머물게 되었다.

이런 현상을 경험한 분리체들은 본성을 주시하는 각성을 적절하게 유지하면서 의식 감정 의지의 유위성도 함께 지켜가고자 하는 의도를 갖게 되었다.

그 상태를 실현하기 위해 영의식과 혼의식, 표면의식체계에 변화를 주기 시작했다.

영의식에 내장된 근본 정보를 표면의식의 틀 안에 내장시키고 각성을 이원화시켜서 그 상태를 지속적으로 지켜보게 하였다.

여섯 개의 주체의식으로 이루어진 영의식에 맞추어서 여섯 개의 기관을 만들고 그 기관에서 밝은 성품이 지속적으로 생성하게 하였다.

이렇게 해서 생긴 것이 육부이다.

육부는 생명의 여섯 의식에 내재된 근본 정보가 육체의 몸에 형상화되어 나타난 기관이다.

육부에서 생성된 밝은 성품 에너지는 육체의 몸을 감싸면서 눈, 귀, 코, 입, 머리에 제공되고, 별의 인력에 저항하는 에너지원이 되었다.
육부 또한 미세소관으로 이루어졌다. 원시세포를 이루고 있는 미세소관이 육부의 형태를 만들고 육부에서 생성되는 에너지를 눈, 귀, 코, 입, 몸, 머리로 공급하기 위해 새로운 연결통로를 만들었다.
이렇게 해서 만들어진 육부와 표면의식 간의 연결통로를 경락이라 한다.

육부가 형성되기 이전에 원시세포와 육근을 연결하던 미세소관은 나중에 신경으로 변화된다.
육부가 형성되고 경락이 생겨나고부터 분리체들도 스스로의 육체를 의도하는 대로 통제할 수 있는 힘을 갖게 되었다.
그렇게 되자 또다시 의식 감정 의지가 갖고 있는 유희성을 탐닉하기 시작했다.

육부가 생기고부터 영 의식과 표면 의식은 원활한 교류가 이루어지면서 영 의식의 활용으로 얻어지는 즐거움을 누릴 수가 있었다.
하지만 감정이 갖고 있는 기쁨과 충만감은 현격하게 저하된 상태였다. 촉, 수, 애, 취를 거쳐온 분리체들은 감정이 가져다주는 기쁨에 중독된 상태였다.
감정의 기쁨은 내부 의식 간의 교류를 통해서는 생겨나지 않는다.
그것은 다른 생명과의 교류를 통해 드러나는 것이다.
이 당시 분리체들은 별의 인력에 저항하면서 근근이 자기 공간에 머물 수 있었기 때문에 다른 분리체들과 접촉을 통해 교류할 수 있는 능력을 갖추지 못한 상태였다.
그러면서 감정도 정체된 상태에 빠졌다.
분리체들도 감정이 일어나지 않는 원인이 교류의 단절에서 비롯되었다는 것을 알고 있었다.
그때부터 분리체들은 몸을 움직이기 위한 노력을 하게 되었다.
번뇌에 빠진 분리체들은 고유진동수가 한 단계 높아지면서 육체의 범위가 현격하게 줄어들었다.
그 과정에서 원시세포의 상태도 바뀌게 된다.

콜로이드 상태에 가깝던 원시세포는 반고체 상태로 바뀌게 되고 45cm 정도였던 크기는 1cm 이하로 줄어들었다.
몸의 크기 또한 100km 정도 되던 것이 2km 이하로 줄어들었다.
그런 상태가 되자 세포를 구성하는 미세소관과, 경락과 신경을 구성하는 미세소관도 고체화된 몸의 구조물 안에 고정되게 되었다.
이 당시 육체화된 분리체에게 영향을 주었던 인력은 한 방향에서만 작용한 것이 아니었다. 앞, 뒤, 좌, 우, 위, 아래 모든 방향에서 작용했다.
분리체들은 서로 다른 방향에서 작용하는 인력에 효율적으로 대응하면서 영의식과 혼의식, 표면의식 간에 교류가 원활하게 이루어지도록 하기 위해 육체 구조에 변화를 주게 되었다.
원시세포의 내부를 구성하는 미세소관을 활용해서 육체의 구조를 외부 인력에 효율적으로 저항할 수 있는 구조로 바꾸었고 육부처럼 혼의식을 주관하는 기관을 새롭게 만들었다.

외부 인력에 저항하기 위해 만든 육체 구조물이 뼈와 힘줄, 근육과 피부, 그리고 에너지의 이동통로이다.

혼의식을 주관하는 기관이 육장이다.
육체 구조물 중 신경과 경락은 이미 만들어져 있었다.
육장은 간, 비장, 심장, 폐, 신장, 뇌이다.
몸을 이루는 구조물들과 육장은 미세소관으로 만들어진다.
미세소관은 그 내부에 체백을 내재하고 있으면서 혼의 입자들을 활용해 육체 구조물의 조성에 필요한 새로운 세포들을 만들어 낸다.
그것이 바로 줄기세포이다.
미세소관에서 만들어지는 줄기세포는 새로운 미세소관을 만드는 재료가 되기도 하고 영의식의 의도에 따라서 필요한 구조물로 변화되기도 하는 기능을 갖고 있다.
때로는 의도가 없어도 상황에 따라 기능적인 변화를 일으키기도 한다.
줄기세포의 이러한 기능이 육체 구조를 효율적으로 바꿔주는 원인이 되었다.

육장은 혼의식이 내재된 집이면서도 육체 구조물을 형성하는 원천이 되었다.
심장은 에너지 통로를 만들어서 표면 의식계와 몸을 이루는 세포 전반에 밝은 성품 에너지를 공급하는 역할을 한다.
간은 힘줄을 만들어서 뼈의 움직임이 원활하도록 하는 역할을 한다.
비장은 근육을 만들어서 힘줄의 기능을 보완하고 몸의 움직임이 유연하도록 하는 역할을 한다.
폐는 피부를 만들어서 내부 세포가 보호되도록 하는 역할을 한다.
신장은 뼈를 만들어서 육체가 외부 인력에 효율적으로 저항할 수 있는 역할을 한다.
뇌는 영의식의 정보와 혼의식의 정보, 표면의식과 체백의 정보를 취합하여 정보의 소통이 원활하게 이루어지도록 하는 역할을 한다.

심장은 소장으로부터 제공되는 밝은 성품 에너지를 받아들여서 저장하고, 에너지 통로를 통해 몸을 이루는 모든 세포들에게 전달하는 역할을 한다.
심장의 에너지 통로는 후에 물질 양분을 섭취하면서 핏줄로 바뀌게 된다.

간은 담에서부터 제공되는 밝은 성품 에너지를 받아들여 저장하고, 힘줄에 제공하는 역할을 한다.

비장은 위장으로부터 제공되는 밝은 성품 에너지를 받아들여 저장하고 근육에 제공하는 역할을 한다.

폐는 대장에서부터 제공되는 밝은 성품 에너지를 저장하고 피부로 전달하는 역할을 한다.
신장은 방광으로부터 제공되는 밝은 성품 에너지를 받아들여 저장하고 뼈에 전달하는 역할을 한다.

뇌는 오장 전체로부터 제공되는 에너지를 받아들여 저장하고 신경에 전달하는 역할을 한다.

육장과 육부 몸을 이루는 구조물이 생기고부터 표면의식의 기능과 활용도 더욱더 다양해졌다.
기존의 표면의식은 외부 상황에 대한 인식을 통해 정보를 저장하고 영의식과 혼의식이 표출되는 통로로 쓰여졌다.
하지만 육장과 육부 육체 구조물이 생기고부터는 몸을 움직이는 운동이 주기능이 되었는데 그 이유가 분리체들이 갖고 있는 교류적 갈망 때문이었다.
표면의식의 기능이 다양해지면서 에너지의 소비 또한 많아졌다.
그것을 보완하기 위해 육장의 기능이 쓰였다.

눈은 심장과 간으로부터 제공되는 에너지를 받는다.
귀는 폐와 신장으로부터 제공되는 에너지를 받는다.
코는 폐와 간으로부터 제공되는 에너지를 받는다.
입은 심장과 비장으로부터 제공되는 에너지를 받는다.
몸과 머리는 오장 전체로부터 제공되는 에너지를 받는다.

미세소관과 줄기세포를 활용해서 육체 구조물과 장부를 만들었던 분리체들은 이때부터 외부 인력에 효율적으로 저항하고 공간을 자유롭게 내왕하게 되었다.
그러면서 다른 분리체들과 적극적인 교류를 행하게 되었다.
근본 정보의 인식을 통해 스스로의 고유진동수를 조절할 수 있는 능력을 갖춘 존재들이 이때에 생겨났다.
이런 능력을 갖춘 존재들은 생멸 연기를 거슬러 올라가서 처음 여래장 연기가 시작되기 이전의 상태로 되돌아갈 수 있었다.
이런 존재들을 진여 보살이라 한다.

* 알이 먼저인가 닭이 먼저인가?

참으로 오랜 세월 동안 회자되어왔던 사유의 주제이다.
먼저 결론을 말하면 닭이 먼저이다.
이 문제를 12연기의 관점에서 바라보면 알은 생의 과정에서 생겨난다.
닭은 명색의 과정에서 분리된 동물 원신 중에 하나이다.
닭의 원신이 알을 낳는 육체를 갖기까지는 명색, 육입, 촉, 수, 애, 취, 유, 생까지의 과정을 거쳐야 한다.
장구한 세월이 흘러야 한다.
닭이 그러하듯이 인간을 비롯한 대부분의 생명들이 육체를 갖고 난 이후에 육체의 자식을 낳았다.

생은 네 종류가 있다. 화생, 습생, 태생, 난생이 그것이다.
생이란 몸과 의식이 변화를 일으키는 것이다.
그런 의미에서 보면 12연기의 모든 과정이 생의 연속이다.

화생은 영혼의 상태에서 몸과 의식구조가 변화를 일으키는 것이다.
생명이 화생을 하면 영혼의 역량이 더 커지고 의식이 진보한다.

습생도 영혼의 상태에서 일어나는 몸과 의식구조의 변화이다.
습생은 영혼이 세분화되어 태어나는 생의 형태이다.
원초신에서 원신이 분리되는 자연 분리 현상과 인식 분리 현상이 모두 습생의 한 형태이다.

습생은 육체를 갖고 살다가 영혼으로 다시 돌아가는 과정에서도 일어난다.

습생의 원인은 크게 두 가지이다.
첫째는 공간의 음화이다.
둘째는 의식계의 다원화이다.

영혼 공간이 음화 되는 것은 음의 에너지로 인해서이다.
음의 에너지는 생명이 일으키는 부정적 의식에서 생겨난다.
거부, 공포, 분노, 극단적 선택, 탐착, 어리석음, 등등의 다양한 부정 의식들은 본성에서 생성되는 밝은 성품을 음 에너지로 바꾼다.
그렇게 생긴 음 에너지가 영혼 공간에 정도 이상 누적되면 영혼 공간이 분리된다.
의식계가 다원화되는 것은 지나친 집착과 원망, 정도 이상의 그리움과 미망 때문이다.
좀 더 정확하게 말하면 의식의 집착성, 감정의 원망과 증오, 지나친 그리움, 의지의 망각과 미망이 의식계가 다원화되는 이유이다.
이런 상태에서 공간의 음화가 함께 이루어지면 영혼의 몸이 분리된다.
한 개의 몸이 두 개로 분리될 수도 있지만 열 개, 스무 개로도 분리될 수 있다.

생명이 습생에 드는 것은 대부분이 퇴화하는 경우이다.
반대로 화생에 드는 것은 진화하는 경우이다.

태생과 난생은 육체로 태어나는 생의 형태이다.

처음 '유'의 과정에서 육체가 생길 때는 영혼의 몸이 육체로 변화하는 형태였지만 생의 과정에서 육체로 태어나는 것은 수정란에 영혼이 깃들어서 이루어진다.
유의 과정과 생의 과정이 몸을 갖는 방법이 다르기 때문에 구분된 12연기의 단계이다.
태생과 난생은 유의 과정을 거친 원신들이 물질 양분을 섭취하고부터 생겨난 생의 형태이다.
생명이 물질을 섭취의 대상으로 삼는 것은 별의 표면에서 활동하면서 생긴 현상이다.
특히 산소의 산화성으로 인한 세포의 훼손과 질병과 상처로 인해 세포가 훼손되었을 때 그것을 복구하는 방법으로 물질 양분을 섭취하게 된다.
물질 양분을 섭취하게 된 계기와 때는 인간과 신, 동물과 식물, 상념체들이 서로 다르다.
인간과 신은 별이 형성된 이후에 별의 표면으로 이주해왔고 식물과 동물, 상념체와 원생물들은 별이 형상화될 때 함께 형상을 갖게 되었다.
이주족인 신과 인간은 많은 시간이 흐른 뒤에 물질을 양분으로 섭취했지만 동물과 식물, 원생물과 상념체들은 육체로 변화된 이후부터 물질 양분을 섭취하기 시작했다.

물질 양분의 섭취 성향은 촉의 과정에서 일어난 성의 현상 때문이다.
성의 현상이 일어날 때 물질 입자 간에 일어났던 교류가 습성화되어 양분 섭취의 성향이 생긴다.
별의 공간 안에서 각자의 공간을 갖고 내재되어 있던 네 종류의 영혼들은 별의 공간을 이루고 있는 물질 입자들과 결합하고 분열하면서 양분 섭취의 습성이 생겨났다.
인간 원신을 이루는 혼의 공간은 원신의 고유진동수가 변화하면서 능동적으로 물질 입자의 분열과 결합을 일으켰다.
그에 반해 별의 공간에 있던 네 종류의 생명은 스스로가 공간 변화를 주도하지 못하고 수동적으로 변화되는 상태였다.
이런 차이가 있었기 때문에 네 종류의 생명은 육체로 변화되는 순간부터 양분 섭취 기능을 갖고 있었고 인간과 신의 원신들은 나중에 어쩔 수 없는 환경에서 물질 양분을 섭취하게 되었다.
생명 에너지의 변화가 일으키는 현상을 자연이라 했다.
네 종류의 생명들은 별의 공간 안에서 자연의 변화에 수동적으로 적응하는 삶을 살게 된다.

반면에 인간과 신들은 자연의 변화를 주도하고자 하는 의도가 있다.
생명들이 갖고 있는 이와 같은 차이는 후에 생이 반복되면서 오는 삶의 방식에 많은 차이를 갖게 한다.
이렇듯 이주족인 인간, 신과는 다르게 별의 표면에서 별과 함께 생겨난 네 종류의 생명은 일찍부터 물질 양분을 섭취했기에 태생과 난생을 먼저 이루었다.
물질 양분의 섭취로 태생과 난생이 이루어지기 위해서는 '정'의 생성이 이루어져야 한다.
정이란 부모의 유전정보가 기록된 생식세포이다.

정이 형성되려면 체백이 물질 양분과 결합해야 한다.
양분의 섭취는 이화와 동화로서 이루어진다.
그 과정에서 전자가 소모되기도 하고 생겨나기도 한다.
섭취되는 양분마다 이화와 동화의 과정에서 일어나는 전자 결합의 상태가 다르다.

그중 나선 결합을 하는 전자가 있을 때는 체백이 전자 공간 안에 들어온다.
이렇게 들어온 체백을 '유입백'이라 한다.
모든 생명은 인식 기관과 조직, 장부의 구조가 전자의 나선 운동이 원활하게 일어나도록 구조화되어 있다.
몸 공간 안으로 최대한의 체백들을 불러 모으기 위한 구조를 이미 갖고 있는 것이다.
이화와 동화의 통로 또한 전자의 나선 운동이 촉발될 수 있도록 구조화되어 있다.
때문에 언제라도 '유입백'이 들어올 수 있는 환경이 갖추어져 있다.
이것은 생명이 갖고 있는 진화적 본능이다.
몸 공간 안에 많은 체백을 보유할수록 생명은 그 역량이 커진다.
자식을 낳는다는 것도 생명이 원신적 진화를 이루는 한 가지 방법이다.
양분의 섭취를 통해 들어오는 체백을 '후천백'이라 한다.
양분의 섭취는 다른 생명이 갖고 있는 몸을 내 몸 안으로 받아들여 소화하고 흡수하는 것이다.
특히 세포로 이루어진 육체의 몸을 섭취하는 것인데 이 과정에서 세포 안에 내재된 체백과 혼성도 함께 유입된다.
세포의 관점으로 섭취하는 자와 섭취당하는 자를 비교하면 섭취하는 자의 체백과 혼성은 선천백과 선천혼이 되고 섭취당하는 자의 체백과 혼성은 후천백과 후천혼이 된다.
때문에 양분의 섭취라는 것은 후천혼백을 받아들여서 선천혼백으로 전환시키는 작업이다.
동화와 이화의 과정은 후천혼백을 선천혼백으로 바꾸는 것이다.
체백과 혼성에는 그 생명이 갖고 있는 생명정보가 내장되어 있다.
때문에 양분의 섭취 과정에서 섭취한 세포의 생명정보가 취해진다.

이 과정에서 생명의 고유 형질에 변화가 생긴다.
별의 표면에서 형상화된 네 종류의 생명들은 양분의 섭취를 통해 생명성을 증장시킨다.
하지만 별의 표면으로 이주한 원신체들은 양분의 섭취를 통해 순수의식이 훼손된다.
별의 표면에서 형상화된 생명 중에 인간의 형상을 하고 있는 상념체들을 '물질체'라 부른다.
이들은 처음 상념체로 창조될 때 창조한 자의 잔재 사념을 자기 주체의식으로 삼는다.
때문에 이들은 형상도 창조주를 닮아 있고 주체의식도 창조주가 갖고 있는 여섯 가지 의식을 갖고 있다.

물질체들은 별과 함께 형상화될 때 주체의식의 가지 수에 따라 육부를 갖추게 되었고 혼성과 외부 인력의 영향으로 육장을 갖게 되었다.
물질체의 육부는 본성 에너지를 생성하는 기능이 없었다.
때문에 처음 형성될 때부터 물질 양분을 섭취하는 기관이 되었다.
물질체들은 육부를 통해 물질 양분을 분해하고 그것을 육장에 공급했다.
육장은 물질 양분을 저장하고 있다가 의식 경로에 제공하는 역할을 한다.
물질체가 양분을 섭취하는 과정에서도 체백과 혼의 유입이 함께 이루어졌다.
섭취자의 선천혼백이 물질 양분에 내재된 후천혼백을 받아들일 때는 고유진동수가 비슷한 것들만 취한다.
이런 성향은 무정의 공간에 포함되어 있을 때 비슷한 고유진동수를 갖고 있는 물질 입자들이 성을 이루는 과정에서 생겨난 것이다.
선천혼백은 세포 구조물 안에서 유전형질을 내장하고 있다.
그런 상태에서 후천혼백이 유입되면 후천혼백의 고유진동수를 조절해서 선천혼백의 유전형질과 같은 상태를 만든다.
이 과정에서 후천혼백이 내장하고 있는 유전정보와 선천혼백의 유전정보가 합쳐진다.

양분의 섭취를 다른 관점으로 표현하면 세포 안에서 성의 과정이 이루어지는 것이다.
양분의 섭취를 통해 취득된 다른 생명의 유전정보는 본래 선천혼백이 갖고 있는 유전정보와 성을 이루지만 완전한 결합을 이루지는 못한다.
대부분 혼성에 내재된 정보는 완전한 결합을 이루지만 체백에 저장된 정보는 완전한 결합을 이루지 못한다.
양분의 섭취가 이루어진 세포 공간은 세 종류의 체백이 서로의 영역을 갖고 있다.
세포의 중심부와 세포막은 선천혼백의 영역이다.
세포막과 세포중심부 사이 공간이 후천혼백의 영역이다.
유입백은 뚜렷한 영역을 갖지 못하고 이리저리 부유한다.

유입백은 이화와 동화의 과정에서 생겨난 전자의 나선 운동의 동선을 따라 들어온 체백이다.
이들은 선천혼백과 섞이지 못하고 후천백과도 섞이지 않는다.

세포 공간 안에 공존하지만 뚜렷한 영역을 갖지 못하고 부유한다.
유입백이 정도 이상 많아지면 세포의 정보 체계가 교란된다.
이 과정에서 세포 대사에 이상이 생기면 이것을 일러 '병'이라 한다.
유입백은 세포가 생성해 내는 밝은 성품 에너지가 충분하면 세포 내부에 머물지만 그렇지 않으면 다시 분리된다.
이 과정에서 세포막의 훼손이 일어나기도 하고 세포 공간의 에너지가 줄어들기도 한다.
유입백이 갖고 있는 이러한 성향에 대해 세포는 자체적인 방어 체계를 갖추게 된다.
그 과정에서 생겨난 것이 '면역세포'이다.
면역세포는 줄기세포 중에 큰 세포들이 변화하여 만들어진다.

유입백 중에는 선천백과 유전정보를 공유하는 것들도 있다.
이들은 세포 내부에 머물면서 선천백과 공생체계를 갖게 된다.
미토콘드리아가 대표적인 예이다.
미토콘드리아는 유입백이면서도 세포 공간안에 머물면서 세포의 양분흡수 체계를 도와주고 세포 호흡에 관여를 한다.
이런 상태에서 양분의 섭취가 지속적으로 이루어지면 선천백과 융화되지 못한 후천백과 유입백이 점점 더 많아지게 된다.

세포 내에 선천혼백의 성향보다 후천혼백과 유입백의 성향이 커지게 되면 기존 세포 집단과 이질화된 양상을 띄게 된다.
이런 세포들을 '생식세포'라 한다.
생식세포가 바로 '정'이다.
정은 양분의 섭취를 이루지 않는 생명에게는 생겨나지 않는다.
정으로 변화된 세포들이 정도 이상 많아지면 정 스스로가 기존의 세포에서 분리되고자 하는 의도를 갖게 된다.
정이 갖고 있는 분리적 의도를 '욕정'이라 한다.
기존 세포 집단 안에 정세포가 정도 이상 많아지면 생명은 욕정에 시달리면서 괴로움에 빠지게 된다.
처음 물질 양분을 섭취해서 욕정을 갖게 된 물질체들은 그 괴로움을 해소하기 위한 노력을 하게 된다.
결국에는 다른 생명과의 접촉을 통해 정을 배출하게 되고 그를 통해 편안함을 얻는 방법을 배우게 된다.
원신체들은 촉, 수, 애, 취의 과정에서 그리움과 갈망을 일으키는 방법을 알게 되었고 전체적 원신의 합체를 통해서 갈애를 쉬는 법을 터득했지만 물질체들은 욕정을 해소하는 과정에서 갈애를 일으키게 되고 취를 행하게 된다.
물질체 인간들이 정을 생성하는 과정처럼 양분을 섭취하는 모든 생명들은 같은 방법으로 정을 갖게 된다.
그중 알 형태로 정을 갖게 된 생명들도 있게 되고 정자와 난자의 형태로 정을 갖게 된 생명들도 있게 된다.
정이 생겨나고 욕정이 커지게 되면 세포로 이루어진 육체의 공간이 음화 된다. 생명 공간의 음화는 그 공간이 세분화되는 원인이 된다.
정이 육체 공간에서 분리되는 것은 생명이 갖고 있는 습생적 성향이다.
정은 양정이 있고 음정이 있다.
양정과 음정이 만나면 그때 포태가 이루어진다.
원신체들도 물질 양분을 섭취하고부터는 정을 생성하게 된다.

* 양정과 음정이 만나서 포태가 이루어지는 과정은? 남자와 여자는 어떻게 생겨나는가?

양정과 음정을 논하려면 먼저 남녀가 생겨난 원인에 대해 알아야 한다.
양정은 남자가 생성하는 정이다.
음정은 여자가 생성하는 정이다.
남자와 여자는 12연기의 과정 중에 '명색'의 과정에서 생긴다.
즉 영의 몸을 갖게 될 때 남자의 성향과 여자의 성향이 나타난다.

영을 이루고 있는 생명장이 음 에너지가 많은 상태면 여성성이 된다.
반대로 양 에너지가 많게 되면 남성성을 갖게 된다.
음 에너지와 양 에너지는 서로 친하고 중 에너지와 음 에너지는 친하지 않다. 양 에너지와 중 에너지는 서로 친하다.
에너지가 갖고 있는 이런 성향 때문에 양 에너지를 갖고 있는 남자와 음 에너지를 갖고 있는 여자는 서로 친하게 된다.
이런 성향은 혼의 몸을 갖추게 되었을 때도 계속되고 육체를 갖게 되었을 때도 이어진다.
이성 간에 서로 끌림이 생기는 것은 이런 이유 때문이다.
촉, 수, 애, 취가 이루어질 때도 양성의 혼과 음성의 혼이 만나게 되고 양성의 혼과 중성의 혼이 만나게 된다.
생명이 갖고 있는 성적인 정체성은 고정된 것이 아니다.

왜 그런가 하면 생명을 이루고 있는 에너지장이 생명의 의식 성향으로 인해 변화되기 때문이다.
생명의 의식성향이 부정성이 많으면 생명 에너지가 음화 된다.
반대로 긍정성이 많게 되면 생명 에너지가 양화 된다.
생명의 의식성향은 때에 따라서 바뀌기 때문에 남성성이 되었다가도 여성성으로 변화되기도 하고 그 반대가 되기도 한다.
그렇기 때문에 영의 상태에서나 혼의 상태에서도 성의 성향이 자주 바뀌게 된다.
육체를 갖고 있을 때에는 성적 성향이 쉽게 바뀌지는 않는다.
하지만 그런 일이 안 일어나는 것은 아니다.
현재의 인간들 중에서도 자연적으로 성의 상태가 전환되는 경우가 있다.
자연 생태계에서는 육체를 갖고 있는 상태에서도 그런 변화가 자주 일어난다.
노래미나 어류 중에는 환경에 따라 남성성과 여성성이 바뀌는 경우가 자주 발생한다. 양성을 한 몸에 갖고 있는 경우도 있다.

이와 같이 남성과 여성을 결정하는 원인은 크게 세 가지이다.
의식성향, 생명의 에너지 상태, 관계적 환경이 그것이다.
미는 힘과 거부적 성향이 바탕이 되어 만들어진 음정은 정의 상태에서도 같은 성향을 갖게 된다.
당기는 힘, 긍정적 성향이 바탕이 되어 만들어진 양정 또한 같은 성향을 갖게 된다.
정은 부모 세포의 유전형질을 내장하고 있으면서 형성될 당시에 습득된 후천백과 유입백의 정보도 함께 내장하고 있다.
때문에 분리체의 자식들의 경우처럼 부모보다 훨씬 방대한 정보를 내장하고 있다.
그런 상태에서 양정과 음정이 결합을 하게 되면 양쪽 정보를 취합하게 되어 더욱더 많은 정보를 체득하게 된다.
정이 갖고 있는 이런 성향은 대가 이어질수록 점점 더 똑똑한 자손이 생겨나는 원인이 된다.

양정과 음정이 만나서 포태가 이루어지려면 먼저 정과 정이 접촉해야 한다.
정의 접촉이 이루어지는 성기는 욕정이 갖고 있는 성향에 따라 만들어진 구조물이다.
거부적이고 부정적인 성향을 갖고 있는 음정의 성향은 방어적 형상을 하게 되고 긍정적 성향을 갖고 있는 양정은 공격적 형상을 하게 된다.
생명이 갖고 있는 의식성향이 극단을 벗어나면 성기의 구조도 함께 바뀐다.

양정과 음정의 결합은 쉽게 이루어지지 않는다.
음정이 갖고 있는 폐쇄성과 고유진동수의 차이 때문이다.
음정의 폐쇄성은 여성이 갖고 있는 거부성과 부정성에서 연원한다.
양정과 음정의 고유진동수가 차이 나는 것은 서로가 내장하고 있는 유전정보의 차이에서 생긴다.
음정은 가장 근사치의 고유진동수를 갖고 있는 양정을 만났을 때만 폐쇄의 벽을 허물고 양정을 받아들인다.

흔히 말하기를 정자가 힘이 세어서 난자의 벽을 뚫는다고 하는데 그것은 틀린 주장이다.
정자는 아무리 힘이 세어도 난자의 벽을 뚫지 못한다.
심지어 난자가 받아들인 정자조차도 온전하게 형체를 유지한 채로 난자 안에 들어가지 못한다.
자신의 꼬리를 잘린 채로 난자 안으로 들어가게 된다.
수많은 정자들 중에 난자가 갖고 있는 고유진동수와 가까운 고유진동수를 갖고 있는 정자가 있으면 그 정자만이 난자 안으로 들어갈 수 있다.
정자가 아무리 많아도 난자의 고유진동수와 가까운 진동을 갖고 있지 않으면 난자 안으로 들어가지 못한다.
서로 다른 환경에서 성장한 두 생명이 만나서 자식을 갖는다는 것은 참으로 어려운 일 중의 하나이다.
포태의 과정은 물질체와 원신체가 서로 다르다.
포태는 다섯 가지 과정으로 나누어진다.
첫 번째 과정이 양정과 음정의 결합이다.
두 번째 과정이 유전정보의 교환이다.
세 번째 과정이 영혼의 유입이다.
네 번째 과정이 육체의 형성이다.
다섯 번째 과정이 출태이다.

원신체의 포태는 영혼의 유입과정이 없다.
원신체는 스스로의 영혼을 분리시켜서 자식을 만든다.
원신체들이 포태를 하게 된 것은 별의 표면으로 이주해온 뒤에 이루어졌다.
물질 양분을 섭취한 이후에 '정'이 생성되면서 포태가 시작된 것이다.
원신체의 자식들은 태어나면서부터 이미 부모 원신체의 능력을 이어받는다.
하지만 대가 이어지면서 그런 능력들도 점차 줄어들게 되었다.
초기 원신체들의 포태는 원신 분리적 성향과 세포분열적 성향이 함께 병행되었다.
하지만 대가 이어질수록 이러한 성향도 바뀌게 되었다.
원신체들이 갖고 있던 적정성이 줄어들수록 세포분열적 성향을 더 띠게 되었다.
포태의 과정이 세포분열적 성향을 띠게 되면 물질체와 같은 양상의 포태를 하게 된다.
양정과 음정이 만나서 포태가 이루어지는 과정에 대해서는 앞서 설명을 했다.
포태의 두 번째 과정에 대해 알아보자.
양정과 음정이 만나면 그때 처음으로 이루어지는 것이 유전인자의 결합이다.
유전자는 체백과 혼성에 기록되어 있다.
때문에 유전자 결합이 이루어지려면 체백과 혼성의 교류가 먼저 이루어져야 한다.
양정과 음정에는 각각 세 종류의 체백과 두 종류의 혼성이 함께 내재되어 있다.
'선천백'과 '후천백', '유입백'이 세 종류의 체백이고 '유전혼'과 '습득혼'이 두 종류의 혼성이다.

음정과 양정이 만나서 수정이 이루어질 때 정자에 내재된 유입백은 난자로 들어오지 못하고 제거된다.
양정의 경우 유입백들이 꼬리 부분에 내장되어 있는데 난자로 들어갈 때 꼬리가 잘리면서 유입백이 차단되는 것이다.
수정이 끝난 난자에는 정자의 선천백과 후천백 그리고 두 가지 혼성이 들어가 있다.
수정란 안에서 유전자 결합을 일으키는 주체가 바로 이들이다.
수정란이 형성된 후 맨 처음 유전자 결합을 일으키는 것이 정자와 난자의 유전혼이다.
비슷한 고유진동수를 갖고 있는 정자와 난자는 먼저 유전혼의 영역이 합쳐지면서 정보를 교환한다.
정자와 난자의 유전정보가 서로 교류할 때는 정보를 내포하고 있는 혼의 입자와 에너지 공간이 서로 결합한다.
이때 결합의 형태가 나선 구조이다.
물질 입자의 결합이 일어나면 새로운 전자기에너지가 생성된다.
이렇게 생성된 전자기에너지는 체백이 활동할 수 있는 에너지원이 된다.

물질체의 유전혼 안에 내재된 생명정보는 세포가 수정란 상태로 존재할 만큼의 정보 값을 갖고 있다.
즉 온전한 생명으로서의 형체를 이룰 만큼 충분한 정보를 내장하지 못한 상태인 것이다.

생식세포는 물질 양분을 섭취한 이후부터 유입된 정보를 기반으로 형성된 세포이다.

때문에 부모가 갖고 있는 전체적인 생명정보를 내포하고 있는 것이 아니다.
부모의 유전정보 중 각각 절반만큼의 정보가 생식세포에 전달된다.
그에 반해 원신체의 경우는 생식세포 자체에 부모의 영혼이 분리되어 있다.
그렇기 때문에 수정이 이루어지면 그 순간부터 육체의 형성이 이루어진다.

수정란 안에서 유전혼의 결합이 일어날 때는 양쪽의 유전혼 중에 안정된 사람의 유전혼을 중심으로 이루어진다.
어머니의 유전혼이 안정된 고유진동수를 갖고 있으면 어머니 유전성이 중심이 되어 아버지 유전성이 결합되고 반대로 아버지가 안정된 고유진동수를 갖고 있으면 아버지 유전성이 중심이 되어 어머니 유전성이 결합된다.
유전혼이 갖고 있는 이러한 성향은 아기의 육체 구조물이 형성될 때 마스터 유전자가 결정되는 원인이 되기도 하고 태어나는 아기의 성별을 결정하는 원인이 된다.
아버지의 유전혼이 안정되어 있으면 아버지의 유전형질이 마스터 유전자의 역할을 하고 딸이 되어 태어난다.
어머니의 유전혼이 안정되어 있으면 반대의 결과가 나타난다.

유전혼의 결합으로 만들어진 나선 공간은 다량의 전자가 나선 운동을 하고 있다.
때문에 그 공간 안에서는 초양자 에너지가 표출된다.
선천백은 초양자 에너지를 양분으로 삼는다.

때문에 나선 공간으로 몰려들어서 초양자 에너지를 섭취하게 된다.
선천백이 초양자 에너지를 섭취하면 스스로 안에 저장된 생명정보와 유전혼 간에 결합을 통해 생겨난 생명정보를 조합해서 수정란의 세포 구조를 새롭게 재편한다.
이때 후천백이 함께 활동한다.

유전혼의 결합으로 만들어진 나선 공간에 선천혼이 합쳐지면 그 공간이 세포의 핵이 된다.
선천백이 내장하고 있는 생명정보는 세포의 구조를 만드는 반쪽 설계도이다.
즉 RNA 성인 것이다.
유전혼의 결합으로 만들어진 생명정보는 반쪽 설계도이다.
즉 DNA 성인 것이다.
RNA와 DNA가 만나면 세포분열이 일어난다.
이 과정에서 생겨난 것이 수정란의 세포분열이다.
체백은 미생물이다.
요즘 개념으로 말하면 소마티드이다.
체백은 일곱 종류가 있다.
이는 일곱 종류의 생명으로 인해 만들어졌기 때문이다.
세포 구조물에 대사를 주관하는 것이 바로 혼성과 체백이다.
체백이 혼성을 만나서 혼백이 되면 자체적으로 DNA를 갖게 되고 혼성과 결합하지 못하면 RNA만 갖고 있게 된다.

바이러스가 DNA형과 RNA형으로 존재하는 것은 이와 같은 이유 때문이다.

현대의 바이러스는 원초신에서 분열된 원생물이 원형이 된 것이 아니고 체백 자체가 생명정보를 내장하면서 생겨난 새로운 형태의 생명이다.
체백이 단백질 껍질을 갖게 되면 바이러스가 된다.

수정란 안에서 부모의 유전혼과 선천백이 결합하면 비로소 영혼을 담을 수 있는 그릇이 만들어진다.
선천백의 RNA와 유전혼의 DNA가 만나서 분열하는 세포는 생명이 거쳐왔던 10단계의 변화를 그대로 재현한다.
처음 수정이 시작되고 나서 약 7일이 지나면 자궁에 착상된다.
이때에도 엄마의 체백과 수정란의 선천백이 서로 교류한다.
수정란의 착상이 이루어지면 이때부터 포태의 세 번째 과정이 진행된다.

포태의 세 번째 과정은 영혼의 유입이다.
자궁에 착상된 수정란에 영혼이 들어오는 것이다.
원신체의 경우는 부모의 영혼이 생식세포에 분리된 상태에서 수정란이 형성되기 때문에 이 과정이 없다.
하지만 물질체의 경우는 외부에서 영혼이 유입되어야 포태가 이루어진다.
영혼이 유입되기 위해서는 수정란의 고유진동수와 비슷한 고유진동수를 갖고 있는 영혼을 만나야 한다.
물질체의 수정란에 들어오는 영혼은 원신체에 의해 창조된 상념체들이다.
이때의 상념체들은 생명 공간 안에서 영의 상념으로 인해 창조된 것들이 있고 '취'의 과정에서 인간 분리체에 의해 창조된 것들이 있다.

엄마의 자궁에 착상된 수정란에서는 유전혼과 선천백이 결합하면서 만들어진 나선 터널로부터 다량의 초양자 에너지가 표출된다.
이때의 형상이 밝은 오색빛을 띄고 있는데 외부에 있던 상념체가 이 빛을 인식하면 수정란 안에 깃들게 된다.
상념체와 수정란이 결합할 때에도 상념체를 이루고 있는 체백과 수정란의 체백이 서로 공명한다.
상념체는 창조주의 잔재 사념으로 의식기반을 이루고 초양자 에너지와 혼성, 체백으로 이루어진 영혼의 몸을 갖고 있다.

상념체는 적정성이 없기 때문에 스스로 초양자 에너지를 생성하지 못한다.
상념체가 갖고 있는 초양자 에너지는 창조주로부터 분리된 에너지와 혼성과 체백의 나선 운동으로 인해 유입되는 에너지이다.
이때 상념체가 갖고 있는 혼성을 선천혼이라 한다.
선천혼은 의식 정보를 내장하고 있으면서 감정을 일으키는 원인이 된다.
상념체가 갖고 있는 체백은 선천백이다.
수정란과 결합된 상념체의 영혼은 수정란 내부의 유전혼과 선천백이 만들어 놓은 유전정보와 결합을 시작한다.
특히 선천혼에 기록되어 있는 상념체의 정보와 유전혼에 기록되어 있는 수정란의 생명정보 간에 결합이 이루어지는데 그 시간이 약 3일이다.
이 시간 동안에는 양쪽 선천백의 정보와 의식 정보는 제로 상태를 유지한다.
의식 정보와 선천백의 정보가 서로 교류되는 것은 그 이후에 진행된다.

선천혼과 유전혼이 결합하는 3일 동안 수정란 내부에는 엄청난 변화가 일어난다.
방대한 정보의 결합으로 야기되는 정신의 혼돈과 혼의 입자가 결합하면서 생성된 엄청난 전자기에너지, 그리고 의식이 제로 상태를 유지하면서 생성된 초양자 에너지가 수정란 내부에서 한꺼번에 생겨나면서 수정란의 공간 상태에 변화를 일으킨다.
수정란은 세포로 이루어진 생명 공간이다. 때문에 수정란 안에서 일어난 이러한 변화는 생명 공간 자체의 상태를 바꿔놓는 원인이 된다.
이 과정을 통해 육체가 형성된다.
선천혼과 유전혼의 결합이 완전하게 이루어지면 이때부터 의식 정보가 수정란에 기록된다.
이 과정에서는 선천백이 역할을 담당한다.
3일 동안의 제로 상태에서 생성된 초양자 에너지는 수정란 내부에 선천백으로 하여금 왕성한 활동을 유발시키는 원천이 된다.
선천백은 선천혼과 유전혼의 결합으로 만들어진 생명정보를 바탕으로 의식 정보에 기록되어 있는 주체의식과 객체 의식이 깃들 수 있는 세포 구조물을 만들어간다.
이 과정에서 대규모 세포분열이 일어난다.

선천백이 세포분열을 유도하는 것은 스스로 안에 내장되어 있는 생명정보와 유입된 영혼의 의식 정보, 그리고 선천혼과 유전혼의 결합으로 만들어진 수정란의 생명정보를 바탕으로 이루어진다.

현대 과학에서는 선천백과 결합된 선천혼을 매트릭스 세포라 부른다.
매트릭스 세포가 엘리베이터 운동을 하면서 세포가 분열할 수 있는 범위를 설정해 주면 그 범위 안에서 신경세포가 성장한다.
그러면서 중추신경이 생겨난다.
중추신경이 형성되면서 말초신경이 생겨나면 그 과정에서 장부와 근골격이 생겨난다.
핏줄과 힘줄, 근육과 뼈, 신경과 경락이 이 과정에서 생겨나고 눈, 귀, 코, 입, 몸, 머리가 이 과정을 거쳐서 생겨난다.
매트릭스 세포가 신경이 성장할 수 있는 범위를 정해주는 것은 선천혼과 유전혼의 결합으로 생겨난 생명정보와 영혼이 갖고 있던 의식 정보를 바탕으로 이루어진다.

이 과정에서 마스터 유전자의 활동이 함께 이루어진다.
마스터 유전자란 선천혼과 유전혼의 결합으로 생겨난 생명정보와 영혼이 갖고 있는 의식 정보가 합쳐져서 만들어진 것이다.
또한 마스터 유전자는 육체를 이루고 있는 구조물의 고유 형질을 결정하는 유전자이다.
장부와 육체 구조물을 만드는 것은 수정란에 내재되어 있던 선천백의 정보와 마스터 유전자가 활용된다.
눈, 귀, 코, 입, 몸, 머리의 의식 기관이 만들어지는 것은 영혼이 갖고 있던 의식 정보와 마스터 유전자의 작용으로 이루어진다.
신경과 핏줄, 힘줄, 근육, 경락이 만들어지는 것은 선천백의 유전정보와 유전혼의 유전정보가 합쳐져서 이루어지고 마스터 유전자의 작용이 더해진다.

육체를 이루는 모든 구조물은 미세소관으로 만들어진다.
세포를 이루고 있는 모든 구조물이 미세소관으로 이루어지듯이 세포의 집단으로 만들어지는 육체 구조물 또한 미세소관의 연결을 통해 형성된다.

물질체의 경우 수정란이 자궁에 착상을 한 뒤에 외부의 영혼을 받아들이지 못하면 수정란이 죽으면서 유산이 된다.
적정을 갖고 있지 못한 물질체들은 포태의 과정에서 이루어지는 제로 상태에서 적정이 갖춰진다.
이렇게 생겨난 적정성을 '사정'이라 한다.
사정이란 각성이 없는 죽은 적정이라는 뜻이다.

물질체들은 생을 반복하면서 죽은 적정을 경험하고 그 과정에서 영성이 생겨난다.
생의 과정은 원신체에게는 퇴화의 원인이 되었지만 물질체에게는 진화의 장이 되었다.

체백의 생명정보와 혼의 생명정보, 영의 생명정보가 수정란에서 결합하면서 대규모 세포분열이 일어나고 그 결과로 만들어지는 것이 육체다.
육체를 구성하는 세부구조물은 영과 혼과 체백에 내장되어 있는 생명정보를 바탕으로 만들어진다.
각각의 구조물마다 마스터 유전자가 작용하는데 그 기능을 담당하는 것이 선천혼과 유전혼, 선천백과 후천백이다.

태 안에서 성장한 아기의 육체는 엄마의 심장박동과 뇌파를 공유하면서 자기만의 주파수를 형성해간다.
심장의 박동은 스칼라파이고 뇌의 박동은 벡터파이다. 아기가 성장할수록 아기의 주파수가 커져가면 어느 때부터 엄마의 주파수와 간섭을 일으킨다.
이 관계가 정도 이상 지속되면 아기가 엄마의 몸과 분리되기를 원하게 된다.
그 시점에서 출태가 이루어진다. 출태한 날을 생일이라 부른다.
아기에게 있어 생일은 가장 특별한 날이다.
영혼의 몸에서 육체의 몸으로 변화된 몸을 갖게 된 것도 특별한 의미가 있지만 태어난 날의 고유진동수와 아기의 생명이 갖고 있는 고유진동수가 일치한다는 특별한 의미가 있다.

태어남을 일러 '생'이라 한다.
'생'은 12연기의 11번째 과정이지만 앞의 10가지 단계 또한 각각이 모두 '생'이라 할 수 있다.
생명이 일으킨 변화가 생명의 몸이 달라지도록 하는 것이 '생'이다.

처음 일법계에서 생멸문이 생겨나는 것도 '생'이고 생멸문의 본체인 원초신이 개체 생명인 영으로 분리되는 것도 '생'이다. 영의 몸이 혼의 몸을 갖게 된 것도 '생'이요, 혼의 몸이 체백을 갖게 된 것도 '생'이다.

체백의 몸이 육체의 세포 구조물로 변화된 것도 '생'이요 세포 구조물로서 육체가 태생과 난생으로서 자식을 낳는 것도 '생'이다.

'생'은 선천의 생과 후천의 생으로 나누어진다.

선천의 생은 육체 이전의 생을 말한다. 후천의 생은 육체로서 태어나는 생을 말한다.

선천의 생에서는 생과 생 사이가 단절되지 않는다.

즉 영의 몸에서 혼의 몸을 갖게 되더라도 그 생명이 거쳐온 삶을 망각하지 않는 것이다.

하지만 후천의 생에서는 생과 생 사이가 단절된다.

즉 육체를 갖고 태어나면서 그 이전 생의 기억을 잃어버리는 것이다.

후천의 생이 이와 같은 성향을 갖게 된 것은 영혼이 수정란에 깃들 때 영의 정보가 제로 상태로 돌아가기 때문이다.

2부

생명과 질병

질병의 원인과 생명경로

암의 진단과 치료

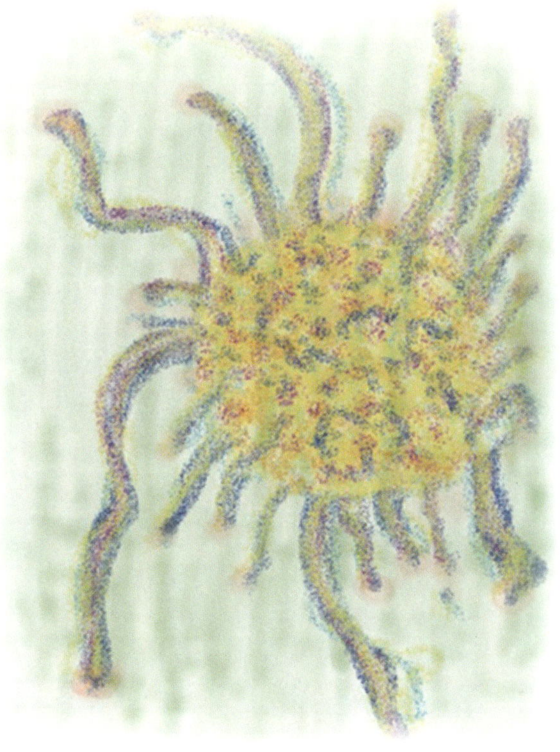

* 질병이 생기는 원인은 무엇인가?

질병이 생기는 원인을 논하자면 먼저 질병이 무엇인지를 알아야 한다.
질병이란 생명현상이 원활하게 작동하지 못하는 상태를 말한다.
생명현상이란 몸과 마음 에너지로써 이루어진다.
때문에 생명현상이 원활하게 작동하지 못한다는 것은 이 세 가지 작용이 원만하게 이루어지지 못하는 것이다.

몸은 공간이다.
마음은 정보이다.
생명은 공간과 정보, 에너지로 이루어진 하나의 현상이다.
생명현상에 이상이 생기는 것이 질병이라면 질병의 원인을 공간과 정보와 에너지의 관점에서 들여다봐야 한다.
생명활동이 원활하지 못한 원인은 크게 세 가지이다.
첫째가 내부적 원인이다.
둘째가 외부적 원인이다.
셋째가 복합적 원인이다.

질병을 유발하는 내부적 요인은 수많은 종류가 있다.
하지만 그 많은 원인들을 함축해 보면 세 가지로 요약된다.
몸 공간을 이루고 있는 세포 구조물의 훼손, 에너지적 불균형과 부조화, 정보교류의 단절이 그것이다.
질병을 유발하는 외부적 요인은 세균이나 바이러스의 침해나

물리적 충돌로 인한 육체 구조물의 훼손이다.
그중 세균이나 바이러스의 침해는 체백과 혼성의 교류가 수반된다.

체백과 혼성이 지배하는 유전형질은 두 개의 문을 갖고 있다.
이런 환경은 육체를 이루고 있는 세포 구조물이나 세균 바이러스가 똑같이 갖고 있다.
한 개의 문은 긍정적 유전자를 오픈시키는 문이다.
또 한 개의 문은 부정적 유전자를 오픈시키는 문이다.
세포의 유전자 중 부정적 유전자가 오픈되면 질병이 생긴다.
그렇게 되는 데는 공간적, 에너지적, 정보적 조건이 영향을 미친다.
이때 그 조건에 원인으로 작용하는 것이 체백과 혼성이다.

바이러스나 세균이 몸 안에 들어올 때도 유전형질 간에 접속이 이루어진다.
유입혼백에 저항성을 갖고 있는 세포는 바이러스나 세균이 들어올 때도 똑같이 저항한다.
이때의 저항도 단계적으로 일어난다.

첫 번째 단계가 자기장이다.
이는 골수의 유동성과 피질척수로의 활성화로 생겨난다.

둘째 단계가 전기장이다.
이는 피부의 생체 전기가 만들어 내는 방어막이다.
피부에는 최대 150mV의 생체 전기가 흐르고 있다.

이 생체 전기로 바이러스에 대한 침해를 막는다.
바이러스는 직류 145mV에서 사멸된다.
피부 생체 전기로는 세균을 차단하지 못한다.
세균은 직류 250mV에서 사멸되기 때문이다.

셋째 단계가 면역세포이다.
면역기전에 의해 세균과 바이러스를 방어한다.

넷째 단계가 유전 접속의 차단이다.
균이나 바이러스가 면역세포의 공격에서 살아남으면 세포의 유전형질과 접속을 이룬다.
이는 그들의 세포를 지배하고 있는 선천백과 유전혼의 본능이 작용해서 생기는 현상이다.
세균이나 바이러스가 세포와 유전적 접속을 이룰 때 부정적 유전자가 오픈되어 있으면 그것은 병원이 된다.

반대로 긍정적 유전자가 오픈되어 있으면 접속이 되어도 병원이 되지 않는다.
오히려 공생관계가 된다.
세포 안에는 수많은 종류의 미생물들이 공생관계를 유지하고 있다.
그들로 인해 세포 대사가 이루어진다.

세포로 침입한 세균이나 바이러스가 긍정적 유전자를 오픈시키도록 하는 원인 또한 세포 내부를 이루고 있는 환경에 있다.

즉 공간 상태와 에너지 상태, 그리고 정보교류의 상태에 따라 달라지는 것이다.
세포의 공간 상태에 영향을 미치는 것이 세포 내부와 외부 간에 양자적 관계이고 에너지 상태에 영향을 미치는 것이 생체 전기와 초양자 생성체계이다.
정보교류에 영향을 미치는 것이 생체 전기와 양자 공명, 초양자 방출이다.
세포 내부에 초양자 생성이 원만하게 이루어지고 초양자 방출이 주기적으로 이루어지면 세균이나 바이러스를 지배하는 체백들이 긍정적인 호응을 하게 된다.
그 결과로 긍정적 유전자를 오픈시킨다.
세포가 50mV를 세포막의 인지질에 충전하고 있으면 주변 세포와 통신을 하게 된다.
그렇게 되면 세포 공조 체계가 원활하게 이루어져서 육체 구조물 전체가 균형을 이룬다.
세포가 50mV를 충전하기 위해서는 최소한 100mV의 전기에너지를 상시적으로 유지할 수 있어야 한다.
세포막의 안과 밖 간에 양자적 균형이 깨어지면 세포 내부의 공간 균형이 깨어지고 영양을 흡수해 들이는 이온채널이 훼손되서 양분 공급이 막히게 된다.
또한 주변 세포와 막간 거리를 정상적으로 유지하는 것이 어려워진다.
이렇게 되면 세포 간에 통신도 단절되고 미네랄도 결핍되어 세포 대사가 정상적으로 이루어지지 못한다.
이런 상태에서는 세균이나 바이러스가 부정적 유전자를 오픈시킨다.

생명활동이 원활하게 진행되지 못하도록 하는 세 번째 원인인 복합적 원인은 내부적 원인과 외부적 원인이 함께 작용하는 것이다.
이 경우에는 세포의 단계적 방어 체계가 작동하지 못하고 세균이나 바이러스도 부정적 유전자를 오픈시킨다.
대부분의 큰 질병들은 이 경우에 발생한다.

생명은 공간, 에너지, 정보의 조건이 어떤 관계성을 갖는가에 따라서 전체성을 띠기도 하고 개체성을 띠기도 한다.
또한 영의 상태로 머물기도 하고 혼이나 육체의 상태로 변화되기도 한다.
질병과 건강 또한 이 세 가지 요소의 관계성으로 생겨난다.
불균형과 부조화는 질병을 야기하고 균형과 조화는 건강을 유지시킨다.
공간은 에너지, 진동, 주파수로 이루어져 있다.
에너지는 초양자, 양자, 전자기적 성향을 갖고 있다.
정보는 의식 정보, 감정 정보, 의지 정보, 유전 정보, 근본 정보로 이루어져 있다.

공간은 생명공간, 물질 공간 ,에너지공간의 형태를 갖고 있다.
어떤 형태의 공간이라도 에너지 진동 주파수로써 그 형태와 틀을 유지한다.
공간은 상황에 따라 전체성과 개체성을 갖게 된다.
개체 공간을 몸이라고 하고 전체 공간을 우주라고 한다.
공간의 형질을 구분하는 척도는 공간을 구성하고 있는 바탕 매질의 상태이다.

공간은 에너지와 물질로서 바탕 매질을 이룬다.
생명공간은 순수한 초양자 에너지로 이루어져 있다.
물질 공간은 초양자 에너지와 양자 에너지, 전자기 에너지가 중첩된 형태로 이루어져 있다.

초양자 에너지는 생명의 본성에서 생성된다.
때문에 초양자 공간이 형성되는 모든 공간에서 생명성이 나타난다. (생명성 : 본성 · 각성 · 운동성 · 나눠지고 합쳐지는 변화성 · 자가증식성 · 자기주도성 등)
초양자 에너지는 물질 공간과 생명 공간을 포괄하면서 여래장 공간, 공여래장 공간, 불공여래장 공간 전체에 펼쳐져 있다.
모든 공간은 초양자 에너지를 바탕으로 해서 형성된다.
여래장의 중심에서부터 여래장의 끝자락까지 초양자 공간으로 이루어져 있다.
초양자 공간이 어떤 정보를 내재하고 있느냐에 따라서 양자 공간과 전자기 공간이 생성된다.
개체를 이루는 몸의 관점으로 보면 초양자 공간은 '영'이고 양자 공간은 '혼'이며 전자기 공간은 '육체'이다.
우주적 관점으로 보면 '암흑에너지 공간' '암흑물질 공간' '물질 공간'으로 구분할 수 있다.

초양자 공간에서 전자기 공간이 나타나는 과정에 대해서는 앞서 설명드렸다.
공간에 내재되는 정보는 인식 작용을 수반해서 이루어지는 경우가 있고 파동과 주파수만으로 이루어지는 경우가 있다.
대부분의 생명공간에는 인식 작용이 수반된 형태로 정보가 내재된다.
이렇게 내재된 정보는 그 생명의 의식과 감정이 된다.
진동과 주파수만으로 내재된 정보는 저장성과 기록성만 갖게 될 뿐 의식이나 감정처럼 능동적 의도성을 갖지 못한다.
대부분의 물질 공간에 기록된 정보들이 이와 같은 성향을 지닌다.

정보가 공간에 저장될 때는 특정된 정보 값을 갖고 있다.
정보 값은 주파수와 진동으로 이루어져 있다.
에너지나 물질을 매질로 이루어진 공간에 정보가 저장되면 공간의 고유진동수가 변화한다.
때론 높아지기도 하고 때론 낮아지기도 하는데 대부분의 경우 높아진다.
공간에 저장된 정보는 정보 값이 지니고 있는 진동과 주파수로 공간 형질에 변화를 일으키는 원인이 된다.
초양자 공간에 특정 정보가 내재되어 공간의 고유진동수가 높아지면 그때 양자 공간이 생겨난다.
양자 공간은 에너지의 파동성과 물질의 입자성이 동시에 존재하는 공간이다.
즉 초양자 에너지로 이루어진 에너지와 전자기로 이루어진 물질이 공존하는 공간이라는 말이다.
양자 공간에 정보가 누적되고 공간의 고유진동수가 높아지면 전자기 공간이 생겨난다.
전자기 공간 안에는 초양자 공간과 양자 공간이 중첩되어 있다.
전자기 공간에서 전자기를 여기 시키면 양자 공간이 나타난다.
양자 공간에서 고유진동수를 낮춰주면 초양자 공간이 나타난다.
전자기 공간 안에 양자 공간과 초양자 공간이 중첩되어 있는 것은 특정한 관계성으로 이루어져 있다.

공간이 갖고 있는 이러한 관계는 생명 공간과 물질 공간이 서로 다르다.
즉 의도적 능동성으로 공간의 고유진동수를 자율적으로 조절할 수 있는 생명 공간과 기록성과 저장적 수동성으로 주변 환경의 변화에 따라 공간의 고유진동수가 변화되는 물질 공간은 세 종류의 공간 간에 서로 다른 관계성을 갖고 중첩되었다는 것이다.
치유의 관점에서 생명공간을 다루는 것은 물질 공간을 다루는 것과 서로 달리해야 하는 것이 바로 이런 이유에서이다.
생명공간 안에서 전자기와 양자, 초양자 간의 관계는 원자단위에서부터 세포단위에 이르기까지 똑같은 패턴으로 이루어진다.
생명의 건강은 공간을 이루고 있는 세 종류 에너지의 관계성에서 만들어진다.

물질의 고유 형질이 지속되기 위해서는 양자성과 초양자성이 지나치게 전자기 공간을 간섭하면 안 된다.
또한 전자기성이 초양자성을 차단시켜도 안된다.
양자성도 마찬가지이다.
양자적 균형이 훼손되면 초양자와 전자기 간에 관계가 부조화스럽게 된다.
세포 구조물을 놓고서 세 종류 에너지 간에 관계적 상태를 측정할 수 있는 도구를 개발해야 한다.
그것을 진단기로 활용하면 질병의 원인을 진단할 수 있다.

건강한 상태의 전자기 세기는 최대 850mV이다.
이는 뇌척수액과 미네랄 반응으로 생성된다.
신경전도에 쓰여지는 전기에너지는 최대 130mV이고, 피부 표면은 최대 150mV를 유지한다.
육체의 전기에너지가 15mV 이하로 떨어지면 신경전도 장애를 유발하고 유전자 공명을 차단한다.
이 상황에서 수많은 질병이 생겨난다.
건강한 상태의 초양자 파장은 너무 길어도 안되고 너무 짧아도 안된다.
너무 길면 세포수명이 짧고 너무 짧으면 전자기가 지나치게 강한 것이다.
적외선 측정기로 초양자 파장을 측정한다.
초양자파장은 짧아도 병이 되고 길어도 병이 된다.
초양자파장을 측정해서 정상상태에 대한 표준 매뉴얼을 만들어 두면 그것을 근거로 진단과 치료를 함께 할 수 있다.

육체는 상하 다섯 영역으로 나누어진 양자 영역으로 이루어져 있고 그 다섯 영역이 앞뒤 좌우로 구분돼서 양자 공명을 이룬다.
그 상태를 진단하는 방법이 체감각 진단, 뇌척수로 진단, 발성 진단, 심진, 기진 등이다.

* 암이 생기는 원인과 치료방법은?

암이 생겨나는 초기 원인은 여러 가지가 있다. 하지만 최종적인 원인은 세포 간에 이루어지는 신호체계의 단절이다.
몸을 이루고 있는 60조 개의 세포들은 독립된 전자기장 안에서 서로가 갖고 있는 유전 정보와 인식 정보, 기록 정보를 교환한다.
이때 쓰이는 것이 생체 전기이다. 인체는 850mV의 생체 전기를 생성하고 최대 150mV가 흐르고 있다.
만약 인체의 생체 전기가 15mV 이하로 떨어지면 세포 간 통신이 단절된다.
통신이 단절돼서 정보교환이 이루어지지 않는 세포들은 밖으로는 면역 세포로부터 공격의 대상이 되고 안으로는 비정상적인 호르몬을 분비하면서 분열 구조로 유전사가 오픈된다.
이 과정에서 생리적 변화가 일어나고 그 결과로 정상 세포들이 암세포로 변화된다.
세포 통신이 이루어지는 방식은 세 가지가 있다.
첫째가 신경 경로를 활용하는 방식이다.
둘째가 호르몬을 활용하는 방식이다.
셋째가 공명을 활용한 방식이다.

몸을 이루고 있는 신경은 대뇌에서부터 척수 말단까지 좌우 18경로 상하 44개의 분절로 이루어진 뇌척수로 경로와 좌우 약 90개의 다발로 이루어진 말초신경으로 이루어져 있다.
이 신경들이 120mV의 생체 전기를 통해 신호전달을 담당한다.
만약 신경 경로가 차단되거나 생체 전기가 15mV 이하로 떨어지면 신경 경로를 통해 이루어지는 세포 통신이 단절된다.
그 상태가 18개월 이상 지속되면 암세포가 생겨난다.
인체 내의 호르몬 분비체계는 크게 세 가지로 나누어진다.
첫째가 뇌척수로 경로별로 이루어지는 신경전달물질이다.
둘째가 의식과 감정 상태에 따라 만들어지는 신경조절물질이다.
셋째가 세포가 자기 의도를 표현하기 위해 만들어 내는 언어로서의 물질이다.

세포 통신이 원할하게 이루어지기 위해서는 위의 세 가지 호르몬이 적절하게 분비되어야 한다.
만약 특정 호르몬이 과도하게 분비되거나 부족하게 분비되면 세포 통신이 단절된다.

세 가지 경로의 호르몬 분비 체계를 담당하는 각각의 주요 기관과 계통이 있다.
뇌척수로 경로의 경우는 각 경로의 시발점이 되는 대규모 신경핵의 집단이 호르몬 분비기관이다.
그 주요 부위가 대뇌피질과 소뇌 그리고 망상체 영역이다.
의식과 감정 경로에 따라 분비되는 호르몬의 경우는 대뇌 연합령과 대뇌변연계 그리고 장부가 호르몬 분비 기관이다.
정신 계통의 호르몬 중에서 의식과 연관된 호르몬들은 대부분이 뇌척수로 경로에서 분비되는 호르몬이다.
왜 그런가 하면 뇌척수로경로가 의식이 발현되고 내장되는 경로이기 때문이다.
세포 언어체계로 쓰이는 호르몬의 경우는 뇌하수체와 송과체를 기반으로 하는 시상하부와 망상체 영역이 호르몬 분비 기관이다.
이 경우에도 뇌척수로 호르몬 분비기관과 서로 공유되는 부위가 있다.
그곳이 바로 망상체이다.

이렇듯 세포의 호르몬 분비 체계는 씨줄과 날줄로 서로 엮어져 있다.
그러면서도 적절한 균형관계를 유지하면서 거대 세포 공동체로서의 몸을 유지하고 운영해 가고 있는 것이다.
호르몬 분비의 균형이 깨지면 그 결과로 나타나는 일차적인 증상이 정신질환과 운동장애 그리고 면역체계의 혼란이다.
암은 그 결과로 나타나는 최종적 질병이다.
인체에는 호르몬 분비의 균형을 유지해 주는 신경과 기관, 신경조절물질이 있다.
그것이 바로 삼차신경과 육부, 세로토닌이다.
삼차신경은 생체 전기 생성 기능을 통해 뇌와 척수에 생체 전기를 공급해 주면서 세로토닌 분비 체계를 조절한다.
이 기능을 통해 삼차신경은 인식, 기억, 표현으로 이루어지는 대부분의 정신활동에서 조율자로써의 역할을 한다.

육부는 세로토닌을 생성하는 공장이다.
특히 위장, 소장, 대장은 몸에서 쓰이는 세로토닌의 80%를 생산한다.

육부의 세로토닌 생산공정은 이빨에서 만들어지는 생체 전기가 동력원이다.
이빨이 저작 활동을 하면서 생체 전기를 만들어 내면 삼차신경이 그 전기를 받아들여서 중추신경 전반에 공급해 주고 자율신경을 통해 육부에 공급해 준다.
육부는 이렇게 공급되는 생체 전기를 활용해서 세로토닌 생성효소를 합성시킨다.
이렇게 만들어진 세로토닌은 여타의 다른 신경조절물질의 분비가 균형 있게 이루어지도록 하는 기능을 한다.
이빨의 저작 활동으로 만들어지는 생체 전기는 350mV ~ 850mV이다.
이빨이 부딪치면서 뼈의 압전효과로 만들어지는 생체 전기는 약 350mV이고 저작 운동 시 뇌실의 진동으로 인해 뇌척수액이 흔들리면서 만들어 내는 생체 전기가 최대 850mV이다.
만약 이빨이 빠지거나 삼차신경의 기능성에 문제가 생기면 생체 전기 생성 기능에 이상이 생긴다.
그렇게 되면 세포 호르몬 분비 체계가 전체적으로 균형을 잃어버린다.
그 결과로 나타나는 것이 중추신경계 질환과 면역 질환 그리고 유전적 질환이다.
암은 이 세 가지 질환의 복합적 산물이다.

참고로 눈의 시각 경로가 작동하면서도 약 120mV의 생체 전기가 만들어진다.
눈에서 만들어진 생체 전기는 시각 경로 중 중뇌상구로 전달되고 그 과정에서 송과체를 자극한다.

송과체는 멜라토닌을 생성해서 세로토닌 분비를 촉진시키는 기능을 한다.

세포 통신의 세 번째 방식인 공명 체계는 생체 자기장과 생체 전기장의 호환으로 이루어진다.
생체 자기장은 골수의 흐름과 혈액의 순환으로 생겨난다.
혈액은 심장의 박동과 환원 전자의 치환으로 만들어지는 전자기 약력으로 흐름을 유지한다.
그에 반해 골수는 뼈에 가해지는 진동과 압력으로 흐름이 생겨난다.
골수가 뼈의 내막을 타고 흐르게 되면 그때 생체 전기가 생성된다.
골수의 흐름이 정체되면 생체 전기의 생성이 원활하게 이루어지지 않는다.
골수의 생체 전기 생성 기능에 이상이 생기도록 하는 세 가지 원인이 있다.
첫째는 골수의 온도 저하이다.
둘째는 골수의 영양 상태이다.
셋째는 부갑상선 호르몬 분비 체계이다.
골수의 온도가 떨어지면 골수의 밀도가 높아진다.
그 결과로 골수의 흐름이 정체된다.
이런 경우는 체온이 떨어져 있다.
여름에도 추위를 탈 정도로 몸이 냉해져 있는데 대부분 자율신경 균형이 깨어진 상태다.
교감신경 항진력이 극도로 떨어져 있다.
골수의 흐름이 정체되면 골수 내 전자이동이 둔화된다.

그 결과로 생기는 것이 자기장과 전기장의 약화이다.
이 경우에도 생체 전기가 15mV 이하로 떨어지면 세포 통신이 단절된다.
또한 자기장을 기반으로 해서 이루어지는 세포 공명이 현저하게 약화된다.

몸은 크게 다섯 단계로 나누어진 공명 영역을 갖고 있다.
이것을 일러서 체감각계라 부른다.
피질척수로를 기반으로 해서 머리의 삼차 신경과 안면 신경, 몸통의 체성 신경과 자율신경이 연계해서 만들어지는 몸의 체감각계는 머리의 두부체감계와 몸통의 신체 체감계로 이루어진다.
이 중 두부체감각계는 세 영역으로 나누어지고 몸의 신체체감계는 흉부와 천골부 두 영역으로 나누어진다.
골수의 흐름이 정체되고 생체 전자기장이 약해지면 체감각계를 이루고 있는 다섯 영역의 세포들 간에 공명이 단절된다.
이 상태가 정도 이상 길어지면 암세포가 생겨난다.
암의 진단이나 원인 치료를 하기 위해서는 체감각 상태가 어느 영역에서 단절되어 있는지를 진찰할 수 있어야 하고 그것을 복원시켜 줘야 한다.

골수의 영양이 부족하면 골수 내 환원 전자의 수가 줄어든다.
그렇게 되면 전자 운동이 활발하게 진행되더라도 자기장이 강해지지 못한다.
골수 내 환원 전자는 줄기세포를 만들어내는 에너지원이다.
각종 영양소를 합성하고 분해하는데 쓰여지는 에너지원이면서 줄기세포가 성체세포로 전환되기 위해서 반드시 필요한 요소이다.
골수 내 환원 전자의 부족은 면역세포나 조혈세포 형성에 결정적인 장애를 유발한다.
또한 세포 내 부정적 유전자를 촉발시키는 가장 큰 원인이다.

그 결과로 나타나는 것이 각종 면역 질환과 혈액 질환이다.
암세포도 이 과정에서 만들어진다.
골수에 환원 전자를 공급해 줄려면 환원 식품을 섭취해야 한다.
하지만 요즘의 먹거리에는 환원 전자가 부족하다.
이 한계를 극복하기 위한 몇 가지 대안이 있다.

첫째는 환원 농법의 보급이다.
환원 농법이란 미생물을 활용해서 식물에 환원 전자를 공급해 주는 농법이다.

둘째는 먹는 전자약의 개발이다.
전자약이란 전자를 생성해 내는 소재를 활용해서 세포에 직접적으로 전자를 공급해 주는 기기이다.
현재는 체내 삽입용과 체외 부착형 두 종류가 나와 있다.
이 기능을 먹는 것으로 확장시킨 것이 먹는 전자약이다. 이는 물로도 만들 수 있고 여러 종류의 식품으로도 만들 수 있다.
셋째는 고농도의 미네랄 요법이다.
메가 비타민요법 등이 여기에 속하는데 이 경우에는 증상에 따른 처방이 필요하다.

갑상선호르몬의 분비가 저하되면 체온이 떨어지면서 골수의 온도도 떨어진다.
이렇게 되면 인체 자기장이 약해진다.
이런 상태에서 신경전도가 약해지면 부갑상선호르몬의 분비가 촉진되면서 파골세포가 활성화된다.
파골세포가 뼈를 부수고 나면 조골 세포가 형성되어 다시 뼈가 복구되어야 하는데 골수 온도가 떨어져 있는 상태에서는 조골 세포가 부실하게 생성된다.
뼈가 부서지고 다시 복구되지 않으면 그때 생겨나는 것이 골다공증이다.
골다공증이 생겨나면 혈관 또한 막히게 된다.
자기장을 유발하는 두 가지 원인인 혈액의 흐름과 골수의 흐름이 정체되면 세포 공명 체계가 극도로 와해된다.
그 결과로 생겨나는 것이 세포 간 정보소통의 단절이다.
치매나 중풍 대부분의 중추신경계 질환과 암은 이 과정에서 생겨난다.

암을 치료하기 위해서는 먼저 진단이 이루어져야 한다.
현대의학이 활용하고 있는 각종 진단법들도 쓰여야 하고 그와 더불어 세포 통신체계에 대한 구체적인 진단이 이루어져야 한다.
세포 통신체계에 대한 진단 방법과 과정은 다음과 같다.
- 생체 전기 측정
- 뇌척수로 진단
- 심진
- 기진

- 두부체감계 진단
- 신체체감계 진단
- 발성 진단

진단이 이루어졌으면 그다음으로 해 야할 것이 치료설 계이다.
치료는 크게 세 단계로 이루어진다.
첫째 단계는 전이를 차단하는 단계이다.
둘째 단계는 크기를 줄이는 단계이다.
셋째 단계는 발생 원인을 치료하는 단계이다.

때문에 치료의 설계 또한 세 단계 관점으로 이루어져야 한다.
암을 공간 · 에너지 · 정보적 관점으로 바라보면 다음과 같은 관점이 대두된다.
암은 육체 안에서 독립된 공간이다.
암은 정상세포의 에너지를 탈취해서 생명성을 유지한다.
암은 정상세포와 유전정보를 공유한다.
다만 암은 부정적 유전자의 발현으로 생겨난다.
암의 진단과 치료는 생명을 구성하는 세 가지 관점에서 이루어져야 한다.
공간적 관점에서 암의 진단은 암이 형성된 또는 생겨날 수 있는 부위를 찾는 것이다.
그러기 위한 진단법이 필요하다.

공간적 관점에서 암의 치료는 전이를 차단하고 크기를 줄이는 것이다.

에너지적 관점에서 암의 진단은 초양자성과 양자성, 전자기성의 상태를 아는 것이다.
초양자성은 의식과 감정 성향으로 나타난다.
의식의 부정성은 암을 일으키는 원인이다.
이때 초양자 에너지가 음화 된다.
음화된 초양자 에너지는 번뇌를 일으키는 원인이 되고 양자성과 전자기성 간에 교류를 단절시킨다.
즉 공명을 차단하고 생체 전기를 약해지게 하는 것이다.

감정에 있어서 초양자형질은 기쁨과 뿌듯함이다.
관계성에 있어서 초양자형질은 착함이다.
슬픔이나 미움, 분노 등의 거친 감성은 초양자성을 음화 시킨다.
또 극단적 이기성은 초양자성을 음화 시킨다.
그렇게 되면 양자성과 전자기성에 장애가 유발된다.

초양자성의 음화는 뇌척수로 경로가 단절되는 최초의 원인이다.
음화된 초양자성을 본래대로 회복하려면 자비심을 키우고 편안함과 아무렇지 않은 마음을 갖추어야 한다.
양자성은 세포 공명 체계이다.
세포는 유선과 무선 체계를 통해 정보를 교환한다.
그중 유선 체계가 신경을 통해 가동되고 무선 체계가 공명을 통해 가동된다.
몸과 마음을 이루고 있는 대부분의 정보들은 인식과 기억, 표현의 과정에서 양자성에 의거한다.

몸은 크게 다섯 개로 나누어진 공명 영역이 있다.
암에 대한 양자성의 진단은 뇌척수로 진단과 두부체감각 진단, 신체체감각 진단으로 이루어진다.
치료는 뇌척수로 교정으로 이루어진다.
전자기성은 생체 전기의 상태로 나타난다.
전자기성이 결여되면 방대한 영역에서 몸의 불균형이 야기된다.
세포의 수명을 결정하는 것에서부터 세포 간에 정보교환에 이르기까지 몸 살림 전반에 걸쳐서 전자기성이 쓰인다.
몸은 전자기 현상이 만들어 낸 결과물이다.
전자기성의 진단은 심진, 기진, 발성 진단, 뇌척수로 진단 전체가 쓰여지고 별도의 전자기 측정 과정이 필요하다.

전자기성의 치료는 '도드리'와 공간 치료기가 쓰여진다.
도드리는 치료용 건전지를 기반으로 해서 만들어진 의료기기이다. 필자의 발명품이다.
공간 치료기는 도드리와 자연을 이루는 네 가지 생명이 결합해서 만들어진 치료기이다.
땅 치료기, 물 치료기, 바람 치료기, 나무 치료기 등이 있다.

정보적 관점에 입각한 암의 진단은 인식 정보와 유전 정보, 습득 정보의 관점에서 이루어진다.
정보는 마음을 이루고 있는 원천이다.
정보적 관점에 입각한 진단에 있어서 가장 중요시되는 것이 육체 공간의 양자적 관계성과 세 가지 에너지의 상태이다.
정보는 육체라는 공간에 저장되고 에너지로써 작동되기 때문이다.
인식 정보의 상태에 대한 진단은 눈, 귀, 코, 입, 몸, 머리의 상태를 진단하는 것으로 이루어진다.
여기에 쓰여지는 진단법이 심진법과 기진법, 체감각 진단법과 뇌척수로 진단법이다.
유전정보에 대한 진단은 뇌와 척수, 장부와 근골격, 네 가지 뇌척수로의 관계성(삼차신경, 피질, 자율신경, 망상체)을 진단하는 것으로 이루어진다.
여섯 가지 진단체계 전체가 쓰인다.
습득 정보에 대한 진단은 의식 성향과 감정 성향, 인식 기관과 장부와의 연관성, 세포 대사의 상태(영양 상태, 호르몬 상태 등)를 놓고 이루어진다.
정보적 관점에 입각한 암의 치료는 공간 치료와 에너지 치료 그리고 명상 치료가 병행된다.

암의 진단과 치료에 대해 부연 설명을 해보자.
아래 첨부될 내용은 그동안 필자가 연구한 난치병 치료 부분에서 암에 대한 것이다.
양식에 따라 정리되어 있으니 그대로 올려 보겠다.
앞의 내용과 중복되는 부분도 있으니 감안해 주시길 바란다.

* 암의 발병 원인

암을 유발할 수 있는 원인은 다양하다.
하지만 그 모든 원인이 한 가지 결과로 귀일된다.
바로 암세포의 출현이다.
암을 치료하려면 암세포의 생태적 습성을 알아야 하고 암세포가 생겨나는 육체 내의 환경을 알아야 한다.

몸을 이루는 모든 세포는 전자기적 공명을 통해 서로 간에 정보를 교환한다.
각각의 세포가 갖고 있는 유전정보가 일정한 세기의 생체 전기와 의식이 만들어내는 주파수에 공명하면서 유전정보를 공유하는 것이다.
몸의 세포들은 플러스마이너스 15mV 이상의 생체 전기를 통해 유전정보를 송수신 한다.
만약 생체 전기의 세기가 플러스마이너스 15mV 이하로 떨어지면 세포 간 통신이 단절되거나 부분적 공명만 일어나게 된다.

의식이 만들어내는 주파수가 임계 범위 이상으로 변화를 일으키면 세포는 그 주파수에 대응할 수 있는 능력을 상실한다.
의식의 주파수는 무대 위에 흐르는 음악과 같다.
세포는 그 음악에 맞추어서 춤을 추는 무용수다.
음악의 템포가 갑작스럽게 정도 이상 변화를 일으키면 세포는 그 음악에 맞추어서 춤을 추지 못한다.

이런 상황이 되면 몸은 극도의 스트레스 상황에 처해지게 되고 세포들은 다량의 스트레스 호르몬을 분비하게 된다.
그 결과로 세포 간 통신이 단절되면서 고립된 세포들이 생겨난다.
몸을 이루는 세포들은 다섯 영역으로 나누어진 고유 영역을 갖고 있고 수정란 당시 출신지에 따라서 서로 공명하는 체계가 다르다.
외배엽 출신은 그들끼리 연결된 특화된 통신채널을 갖고 있고 중배엽이나 내배엽 출신들도 마찬가지이다.

대부분 같은 기능성을 공유하면서 몸을 이루는 구성원이 되지만 때로는 서로 다른 기능성의 영역에 들어가 있으면서 막간 통신의 안테나 역할을 한다.
우리 몸은 머리에서부터 발끝까지 다섯 개로 나누어진 고유 영역을 갖고 있다.
머리 부위의 세 영역, 몸통부와 천골부의 각각 한 영역씩 나누어진 것이 바로 그것이다.
이렇게 다섯 영역으로 나누어진 몸은 뇌척수로와 척수뇌로를 통해서 구심적 원심적 연결성을 유지한다.
만약 뇌척수로 경로상에 이상이 발생하면 다섯 영역의 연결이 원활하게 이루어지지 못한다.
그 결과로 야기되는 것이 세포 간 유전 공명의 차단이다.

몸의 다섯 영역에는 수정란 상태에서부터 같은 배엽 출신의 세포들이 특정 영역을 점유한 채로 포진해 있다.
그러면서 신경 경로를 통한 유선적 정보교류 이외에 유전자 공명을 통한 무선적 정보교류를 행한다.
만약 생체 전기가 플러스 마이너스 15mV 이하로 떨어지면 이 공명 체계가 깨어져서 유전적으로 소외된 상태에 처해지게 된다.
이 과정에서 암세포가 생겨난다.
암세포의 상태는 크게 세 단계로 구분된다.
첫 번째는 줄기세포와 가까운 형질을 갖고 있는 상태이다.
두 번째는 줄기세포와 성체세포의 기질을 반반 갖고 있는 상태이다.
세 번째는 성체세포적 성향에 가까운 상태이다.
대부분의 암세포는 두 번째 상태의 성향을 갖고 있다.
암세포는 어떤 상태로 존재하던지 성장이 멈추고 왜곡된 세포이다.
다른 표현으로 하면 정상세포보다 성장이 덜된 세포라는 말이다.
암세포가 이와 같은 성향을 갖게 된 것은 정상세포로 완전하게 성장하기 전에 유전적 공명이 차단되었기 때문이다.
유전적 공명이 차단된 암세포들은 독자적인 패턴으로 성장하면서 다른 정상세포와 비교되는 유전적 특이성을 갖게 된다.

* 암의 전이 양태

암은 네 가지 전이 양태를 갖고 있다.
첫째가 임파 전이 양태이다.
둘째 세포 전이 양태이다.
셋째 신경 전이 양태이다.
넷째 뼈 전이 양태이다.

- 임파 전이 양태

암세포는 처해진 환경에 따라 필요한 기능을 갖춘 또 다른 형질의 세포로 변화하는 능력을 갖고 있다.
이는 암세포가 갖고 있는 줄기세포적 성향 때문에 일어나는 현상이다.
치료제에 대한 내성이나 막층을 투과해서 다른 장부로 전이를 일으키는 성향 또한 암세포가 갖고 있는 줄기세포적 성향 때문이다.
이런 암세포가 면역세포의 공격을 다발적으로 받게 되면 해당 면역세포에 대해 가장 효율적인 방어를 할 수 있는 형태로 변이를 일으킨다.
그런 다음 역으로 면역세포를 공격하면서 임파절까지 파고든다.
이 과정에서 임파 전이가 일어난다. 암으로 하여금 임파 전이를 일으키지 않도록 하려면 면역력을 최대 140% 이하로 조절해야 한다.

현대의 암 치료는 면역력을 극대화해서 암을 치료하려고 하기 때문에 오히려 임파 전이를 야기한다.
필자가 개발한 기술을 통해 자가면역력을 140% 이하로 관리할 수 있다.

- 세포 전이 양태

암이 주변 세포로 전이되는 것은 주변 세포가 갖고 있는 전자를 탈취하기 위해서다.
암세포는 짧은 시간 내에 여러 번의 분열을 일으키기 때문에 세포막의 상태가 매우 불안정하다.
특히 중심부의 세포들이 더 불안정한 상태인데 이때 필요한 것이 다량의 전자이다.

암세포는 체계적이면서 단계적인 공격을 통해 주변 세포로부터 전자를 탈취한다.
처음에는 주변 세포에게 촉수를 뻗는다.
그런 다음 차단 호르몬을 분비해서 세포막을 감싼다.
주변 세포가 이런 상황에 처해지면 세포 통신이 단절되면서 유전적 공명이 차단된다.
그리고 또 다른 세포로부터 회복 에너지를 공급받지 못한다.
정상세포는 세포막의 인지질 안에 생체 전기를 충전하는 기능을 갖고 있다.
세포막 내부에 50mV 이상을 충전하면 주변 세포에게로 생체 전기를 방출하면서 세포 통신을 하게 된다.

세포 통신이 이루어지면 병든 세포들은 주변 세포로부터 에너지를 공급받으면서 새롭게 재생된다.

정상적인 몸의 상태에서는 하루에 5분 정도 세포 통신이 일어난다.
이것이 정상세포들 간에 이루어지는 세포재생 체계이다.
암세포는 정상세포들이 갖고 있는 세포 통신의 메커니즘을 알고 있다.
때문에 먼저 세포 통신을 단절시킨 다음 전자를 탈취해 가는 것이다.
암세포에게 전자를 빼앗긴 정상세포는 잠재적인 암세포로 남게 된다.
후에 여건이 조성되면 언제든지 새로운 암세포로 전환된다.

암세포가 갖고 있는 세포전이적 성향을 차단시키기 위해서는 외부로부터 암세포가 필요로 하는 전자를 공급해 주어야 한다.
그렇게 되면 암세포는 주변 세포를 공격하지 않고 안정된 상태를 유지한다.
암세포에게 전자를 공급해 주면 다른 막으로 전이되었던 암들도 원발인자로 거두어진다.
모든 암세포가 전자 제공원으로 집중되는 특이 현상을 보인다.
세포 전이를 막기 위한 전자 제공법은 특별한 기술이 필요하다.
암세포가 공격성을 느끼지 않도록 해야 하고 암세포와 시냅스할 수 있는 전자를 제공해 주어야 한다.
이 부분 또한 필자가 개발한 특별한 기술이다.

- 신경 전이 양태

암세포는 외롭다.
암은 태생적으로 유전적 분리를 통해 생겨났기 때문이다.
외로운 암세포는 신경세포와 시냅스를 원한다.
신경세포와 시냅스를 원하는 암세포는 Ttyh1 유전자를 다량으로 생산한다.
Ttyh1 유전자는 신경 시냅스를 매개하는 유전자이다.
대뇌피질에 다량으로 존재하는데 암도 이 유전자를 똑같이 생산한다.
Ttyh1 유전자를 생산한 암은 신경에 촉수를 연결해서 시냅스를 시도한다.
암이 시냅스를 원할 때 그것을 받아들이는 신경은 뇌척수로 경로상에서 균형이 깨진 신경이다.
이런 신경들은 자체적인 방어력이 약해져 있고 머리에서 내려오는 원심성 명령 체계와 말초에서 올라가는 구심성 전달 체계에 대한 분별성이 약해져 있다.
이런 상태에서 Ttyh1 유전자를 내포한 암세포가 시냅스를 요청해오면 아무런 의심 없이 암세포를 받아들이게 된다.
암세포가 갖고 있는 성향에 따른 변이적 특성이 빛을 발하는 순간이다.

일단 신경과 시냅스가 이루어지면 암세포는 신경전이를 시작하고 순식간에 척수와 뇌를 장악한다.
신경전이가 시작되면 환자는 극심한 통증에 시달린다.
신경전이를 치료하는 것 또한 외부에서 지속적으로 전자를 공급하면서 시냅스적 요소를 제공해 주어야 한다.
그러려면 암세포가 외로움에서 벗어날 수 있는 정보를 반복적으로 입력해 주어야 한다.
이 부분에 관한 기술 또한 필자가 갖고 있는 독자적인 기술이다.

- 뼈전이 양태

암세포들이 줄기세포를 필요로 할 때 뼈 전이를 일으킨다.
또 멀리 떨어져 있는 암세포끼리 신호전달이 약해졌을 때 뼈 전이를 일으킨다.
암이 뼈로 전이될 때는 급격한 성장을 원할 때이다.
면역세포로부터 지나친 공격을 받았다거나 항암이나 방사선치료를 통해 세포의 훼손이 정도 이상 심해졌을 때 암세포는 뼈 전이를 일으킨다.
대부분 공격적인 암치료의 결과로서 암세포의 훼손이 이루어지고 이 과정에서 뼈전이가 일어난다.
암은 공격적 치료를 통해서는 절대로 극복되지 않는다.
오히려 치료 과정 중에 상처받은 정상세포들이 나중에 암세포로 변화되는 역작용이 나타난다.
암을 치료하기 위해서는 치료의 방법을 친화적으로 바꾸어주어야 한다.

암세포는 성장이 덜된 정상세포들이기 때문에 환경만 조성이 되면 언제든지 정상세포들이 암세포로 바뀔 수 있다.
때문에 암의 치료는 크게 두 가지 방향으로 이루어져야 한다.

첫째는 이미 생겨난 암세포들을 정상세포로 성장시켜 주거나 줄기세포로 다시 되돌려 놓는 것이다.
둘째는 몸 안에서 암이 생겨날 수 있는 환경을 개선해 주는 것이다.
암세포들도 서로 간에 시냅스를 한다.
특히 발원처의 암과 전이처의 암은 나름의 시냅스 체계를 갖추고 있다.
만약 발원처의 암이 공격을 받으면 전이처의 암이 성장을 촉진하고 반대로 전이처의 암이 공격을 받으면 발원처의 암이 성장을 촉진한다.
이 과정에서 또한 뼈 전이가 일어난다.
암은 뼈를 공격해서 줄기세포를 탈취하고 그 과정에서 시냅스에 필요한 필수 영양분도 탈취한다.
앞의 세 가지 전이 양태를 효율적으로 제어하면 뼈로 전이되었던 암세포들도 함께 거두어진다.
그렇게 되면 뼈의 재생이 다시 이루어진다.
뼈 전이를 치료하는 방법 또한 필자가 보유하고 있는 특별한 기술이다.

* 암의 진단

암의 진단은 암이 생겨난 원인을 찾는 것이다.
앞서 언급했듯이 암은 세포 간 유전적 공명이 차단됨으로써 생겨난다.
때문에 암의 원인을 찾는 것은 몸의 다섯 영역 중에 어느 영역에서 유전적 공명이 차단되었는지를 밝혀내는 것이다.

암의 진단을 위해서는 몸을 좌우로 구분한다.
그런 다음 머리부를 세 영역으로 나누고 몸통부와 천골부를 각각의 영역으로 나눈다.
머리 영역의 세 영역은 대뇌피질부터 중뇌까지를 한 영역으로 나누고 소뇌를 포함한 중뇌에서 교뇌까지를 또 한 영역으로 나누며 교뇌에서 연수, 경수까지를 나머지 한 영역으로 나눈다.
몸통 영역은 흉수 1번부터 요수 2번까지를 한 영역으로 하고 천골 영역은 요수 3번부터 천수, 그리고 다리 영역을 한 영역으로 한다.

암의 진단을 위해서 우리 몸을 이렇게 구분하는 것은 뇌척수로 경로의 피질과 적핵경로가 머리, 몸통, 천골부로 나누어져서 단계적 주행을 하기 때문이다.
그 결과로 몸을 이루는 관절구조가 세 마디 구조로 이루어져 있다.
한의학에서도 몸을 상초, 중초, 하초로 나눈다.
머리부는 소뇌를 중심으로 해서 위와 아래로 구분된다.

암의 진단을 위해 쓰이는 기법은 다섯 가지이다.
첫째가 심진법이다.
둘째는 기진법이다.
셋째는 뇌척수로 진단법이다.
넷째는 체감각 진단법이다.
다섯째는 발성 진단법이다.

- 심진법

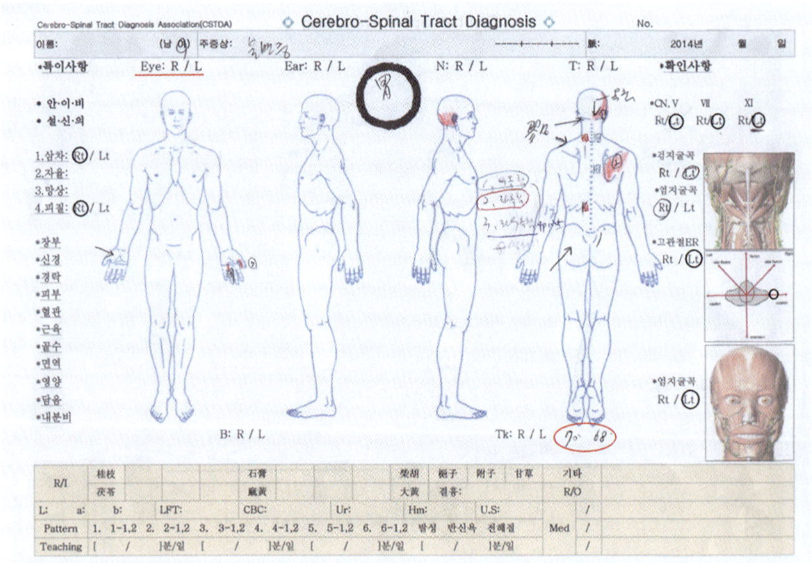
Cerebro-Spinal Tract Diagnosis Association(CSTDA)
◇ Cerebro-Spinal Tract Diagnosis ◇
No.
이름: (남 여) 주증상:
2014년 월 일
•확인사항 Eye: R / L Ear: R / L N: R / L T: R / L •확인사항
• 안·이·비
• 설·신·의
1.삼차: Rt / Lt
2.자율:
3.망상:
4.피질: Rt / Lt
•장부
•신경
•경락
•피부
•혈관
•근육
•골수
•면역
•영양
•담음
•내분비
•CN. V Ⅶ XI
Rt/Lt Rt/Lt Rt/Lt
•경지굴곡
Rt / Lt
•엄지굴곡
Rt / Lt
•고관절ER
Rt / Lt
•엄지굴곡
Rt / Lt
B: R / L
Tk: R / L

R/I	桂枝				石膏				柴胡	梔子	附子	甘草	기타
	茯苓				麻黄				大黄	결용:			R/O
L: a:	b:	LFT:			CBC:		Ur:		Hm:		U.S:		/
Pattern	1. 1-1,2 2. 2-1,2 3. 3-1,2 4. 4-1,2 5. 5-1,2 6. 6-1,2 발성 반신욕 전해질											Med	/
Teaching	[/]분/일 [/]분/일 [/]분/일 [/]분/일												/

가슴 바탕에 중심을 세우고 중심을 통해 상대와 일치를 이루

어서 진단하는 방법이다.
불교의 중관법을 익혀야 시전이 가능하다.
상대의 의식 상태, 감정 상태, 장부 상태를 진단한다.
장부 상태를 진단하는 12가지 패턴이 있고 몸의 좌우 균형과 외부 의식의 침해 상태를 진단하는 패턴이 있다.

- 기진법

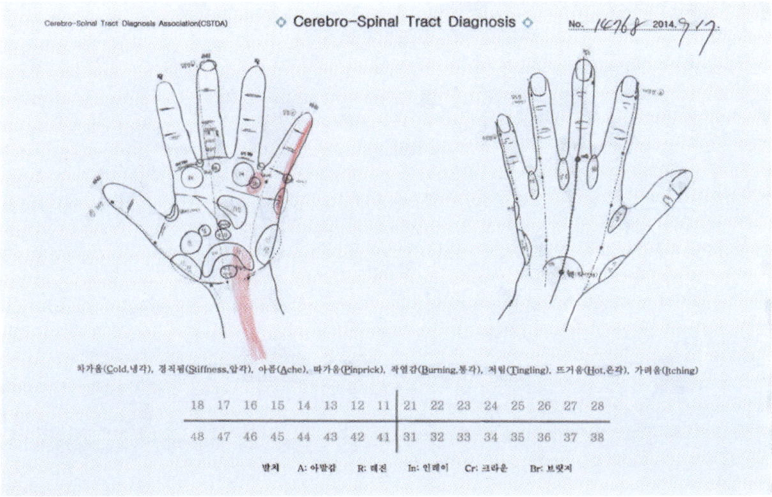

손바닥을 통해 기운을 방사하고 환자의 상태를 손바닥의 기진도에 의거해서 진단하는 방법이다.
원거리 기진법과 근거리 기진법이 있다.
장부 상태, 근골격 상태, 의식 상태, 감정 상태 등을 진단한다.

- 뇌척수로 진단법

손가락과 발가락의 굴곡 각도를 통해 뇌와 척수를 주행하는 뇌척수로와 척수뇌로의 상태를 진단하는 방법이다.
3차 신경, 피질 경로, 자율신경, 망상체의 구조를 진단할 수 있고 앞서 제시한 몸의 다섯 영역에 대한 유전 공명 상태를 네 가지 신경의 관점에서 진단할 수 있다.
뇌척수로 진단법은 뇌척수로 운동법에 기반하며 진단을 통해 나온 결과는 뇌척수로 교정법을 통해 치료할 수 있다.
뇌척수로 진단을 통해서는 과거의 질병과 현재의 질병, 미래에 생길 수 있는 질병까지를 알 수 있다.

시개척수로 진단, 전정척수로 진단, 적핵척수로 진단, 피질척수로 진단, 그물척수로 진단, 소뇌척수로 진단을 두 시간 정도 진행하는 풀 진단법이 있고 10분 정도 약식으로 진행하는 진단법이 있다.
뇌척수로 진단을 통해서는 암이 전이되어 있는 부위를 정확하게 알 수 있고 앞으로 전이되어갈 경로에 대해서도 미리 알 수 있다.
이 상태를 환자 본인이 진단을 받으면서 통증으로 느끼게 된다.
뇌척수로 진단법은 암의 상태를 자가진단할 수 있는 최고의 방법이다.
뇌척수로 운동을 통해 환자는 자기 몸의 상태를 정확하게 느끼면서 암이 완화되고 있는지 아니면 악화되고 있는지를 판단할 수 있다.

<검지 억제하기>

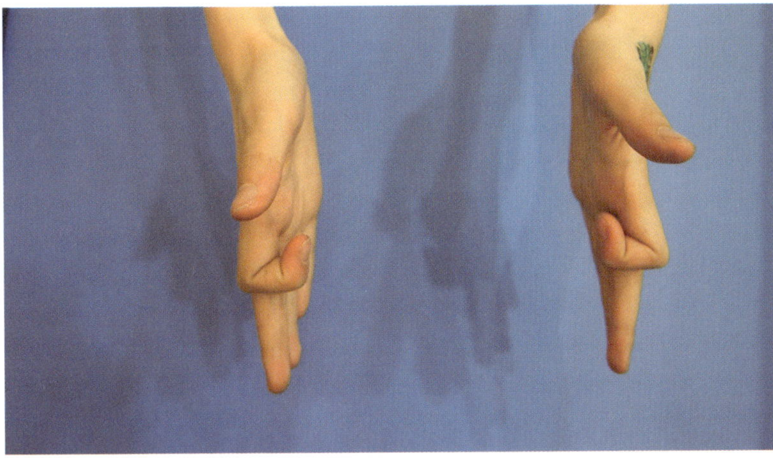

<엄지 억제하기>

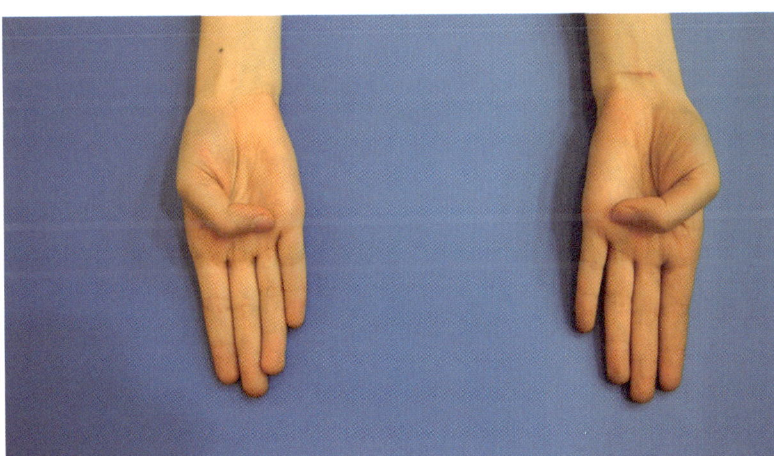

<엄지, 검지 곧게 펴고 3,4,5지 억제하기>

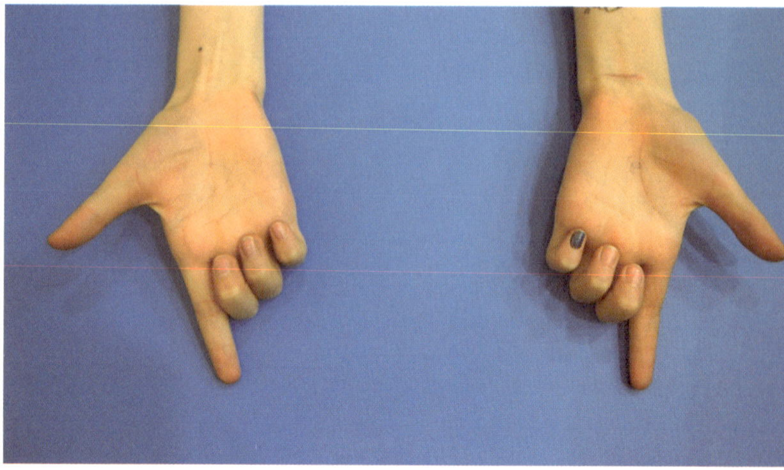

<다섯 손가락 억제하기>

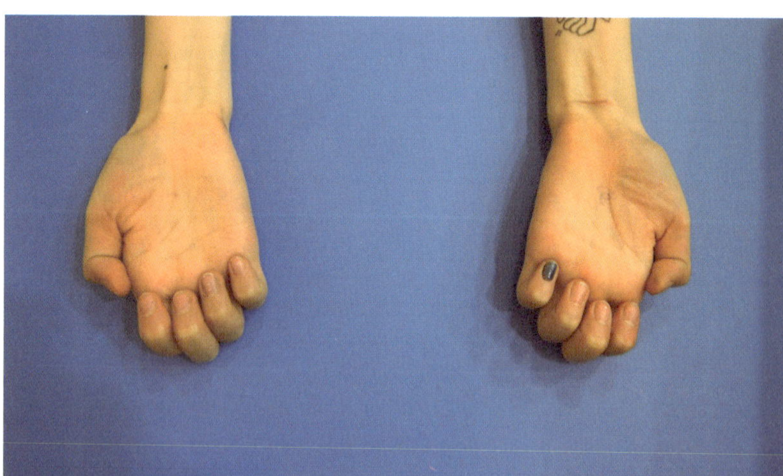

<엄지, 검지 억제하기>

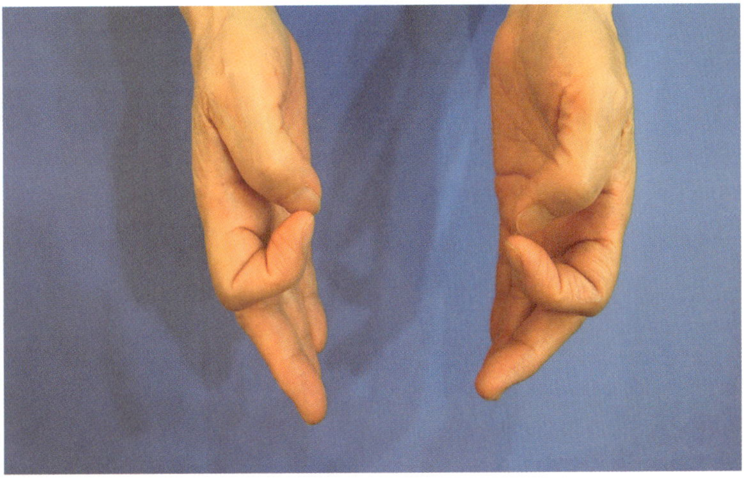

<엄지발가락 운동>

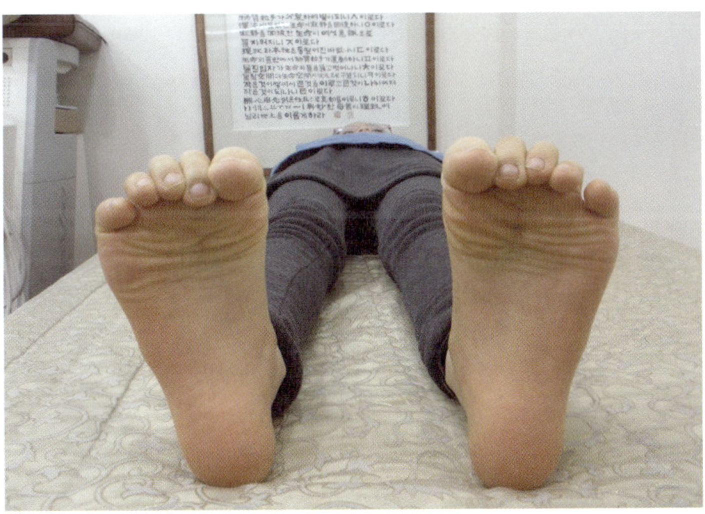

- 체감각 진단법

심진, 기진의 기법과 머리의 체감각 센서를 활용하여 병의 발병 원인처를 찾는 진단법이다.
두부체감각 진단법과 신체체감각 진단법이 있다.
대부분의 난치병들은 머리부와 몸통부, 천골부를 이루고 있는 세포들의 유전적 공명 체계가 무너진 데서 생겨난다.
특히 머리부를 이루고 있는 세 영역 안에서 균형이 깨어지면 그와 연관된 하부 영역에서는 반드시 질병이 나타난다.
두부체감계 진단은 머리부의 이런 상태를 정확하게 진단하는 방법이다. 두부체감각 진단을 하기 위해서는 시전자의 두부체감각이 온전하게 균형을 유지해야 한다.
그러려면 시전자는 두부체감각 교정술을 익혀야 한다.
신체체감각 진단 또한 시전자의 신체체감각 센서가 활성화되어 있어야 한다.
그러기 위해서는 기공과 소승불교의 살갗 수행을 익혀야 한다.
신체체감각 진단을 통해서는 상대의 체감각상태와 장부, 근골격의 상태, 뇌하수체 호르몬 분비 체계에 대한 진단을 할 수 있다.

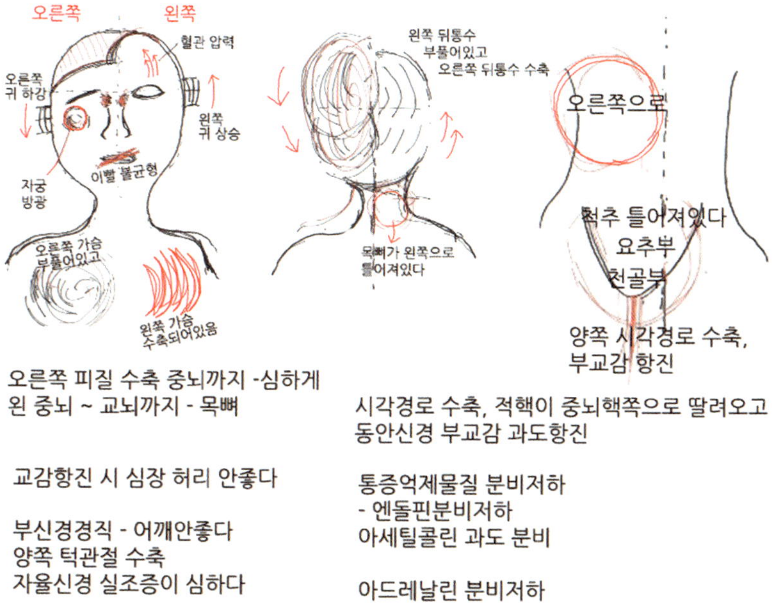

- 발성 진단법

한글 자음 발성 체계를 활용해서 진단하는 방법이다.
각각의 자음별로 신경 경로와 장부 상태를 진단하는 방법이 있다.
발성 진단을 통해서는 뇌척수로 진단을 통해 드러나지 않았던 미세영역의 상태를 진단할 수 있다.
특히 생각 경로와 언어 경로에 대한 진단을 포괄적으로 할 수 있는 장점이 있다.
발성 진단을 하기 위해서는 시전자가 한글 자음 발성법과 자음 원리를 익혀야 한다.

이와 같은 다섯 가지 진단법은 진단 자체만으로도 치료 효과가 나타난다.
기계적 진단을 통해 들여다보기 힘든 몸의 영역을 진단할 수 있다.

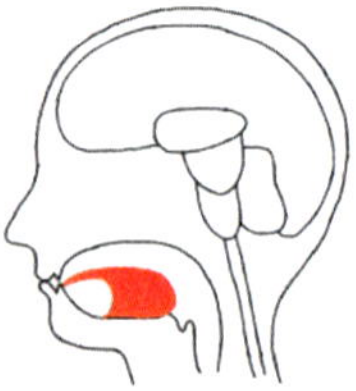

〈기역 발성 1〉

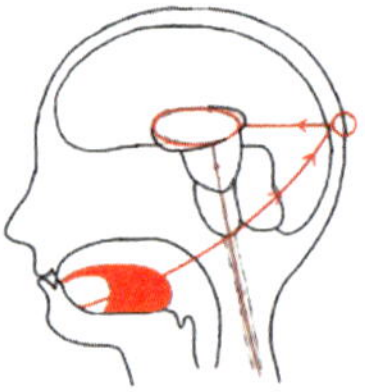

〈기역 발성 2〉

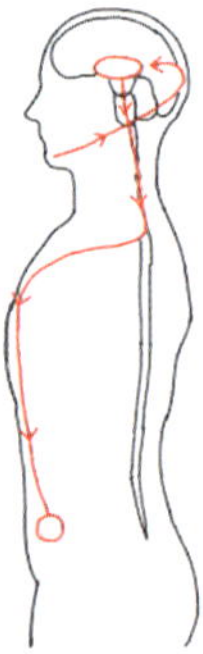

〈기역 발성 3〉

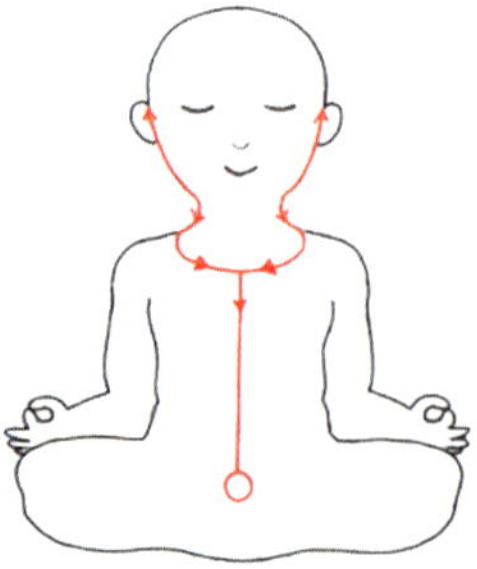

〈기억 발성 정면도〉

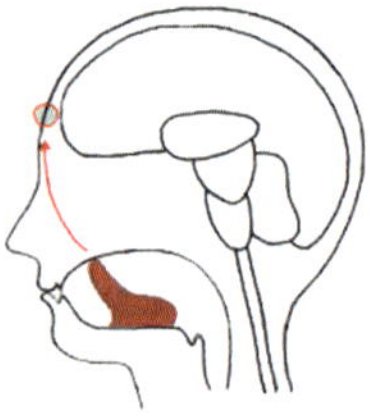

〈니은 발성 1〉

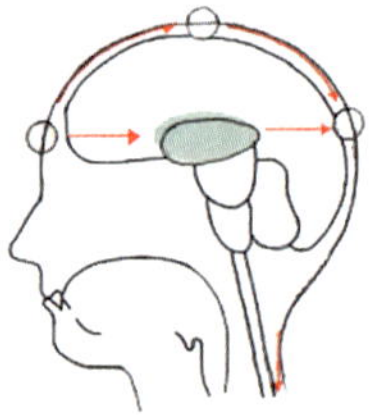

〈니은 발성 2〉

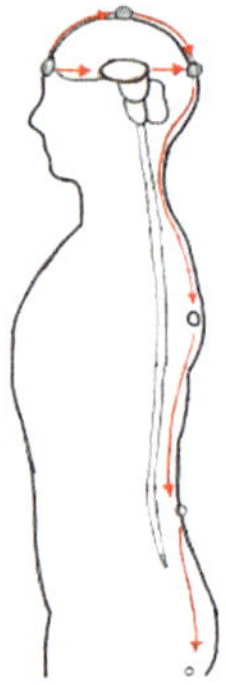

〈니은 발성 3〉

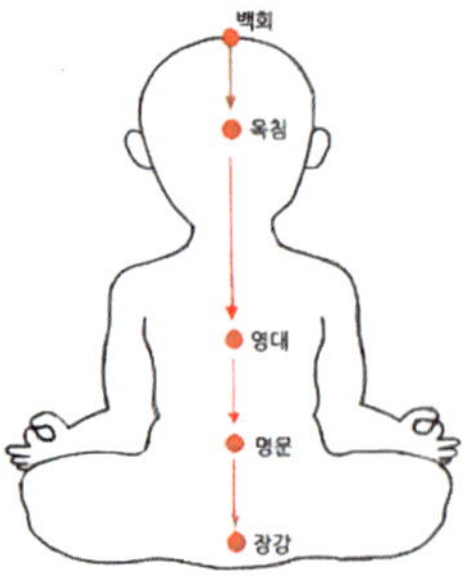

〈니은 발성 후면도〉

또한 암의 원인처를 찾아내고 치료 효율을 높이기 위해서는 반드시 필요한 진단법이다.

* 암의 치료

암의 치료는 크게 세 가지 방향으로 이루어진다.
첫째가 암이 생겨나는 유전적 환경을 개선하는 것이다.
둘째가 암세포 자체를 줄기세포로 환원시키고 정상세포로 성장시키는 것이다.
셋째가 전이를 차단하고 발원처에서 억제하는 것이다.

- 유전적 환경의 개선

이 과정의 치료를 위해서는 먼저 진단이 정확하게 이루어져야 한다.
몸의 다섯 영역별로 3차 신경과 자율신경, 피질과 망상체의 상태가 어떤 관계를 형성하고 있는지를 진단하고 상황에 맞는 처방이 설계되어야 한다.
경험에 비추어보면 대부분의 암이 두부체감각계 이상으로 생겨난다.
머리의 체감각을 지배하는 생체 전기가 약해지면서 체감각 균형이 깨어지고 그 결과로 몸통부와 천골부에서 암이 발생하는 것이다.

이럴 경우에는 먼저 진단을 통해 치료점을 찾고 그 부위에 생체 전기를 공급해야 한다.
몸통부와 천골부에 대해서도 마찬가지다.
치료점을 찾은 후에 생체 전기를 공급해 준다.
유전적 공명이 원활하게 이루어지고 세포 통신과 세포재생이 원활하게 이루어지기 위해서는 50mV 이상을 세포가 충전하고 있어야 한다.
필자가 개발한 치료기 닥터 도드리를 활용해서 그 조건을 만들어준다.
유전적 환경을 개선해서 유전적 형질이 정상으로 회복되기까지는 최소 3년의 시간을 필요로 한다.
도드리 치료법을 통해 암 치료를 했을 때 전이된 암이 발원처로 거두어지고 암의 크기가 50% 이상 줄어드는 것은 2개월이 걸리지 않는다.
하지만 이렇게 되었다고 해서 암이 치료된 것은 아니다.
암의 완치는 암이 생겨난 유전적 환경이 개선되었을 때 이루어진다.
그 시간(최소 3년) 동안 꾸준하게 관리를 해야 하고 완치가 될 때까지 절대로 방심해서는 안 된다.

- 줄기세포로의 환원 또는 정상세포로의 성장

대부분의 암세포들은 줄기세포성과 성체세포성을 반반씩 갖고 있다.
때문에 세포 구조 자체가 매우 불안정한 상태이다.
'생명과 전기'의 저자 로버트 베이커 박사는 일찍이 임파암

세포를 특정 전자기장 안에 노출시켜서 역분화 줄기세포로 바꾸는 실험에 성공했다.
뒤에 런던대와 오스트레일리아에서도 똑같은 실험을 통해 임파암 세포가 역분화 줄기세포로 바뀌는 것을 확인했다.
대한민국에서는 2013년 동국대학교 김종명 교수팀이 쥐의 체세포를 특정 기간 동안 전자기장에 노출시켜서 역분화 줄기세포로 바꾸는 실험에 성공했다.
체세포 같은 성체세포가 역분화 줄기세포로 바뀔 정도면 암세포는 훨씬 더 빨리 줄기세포로 전환될 수 있다.
암을 중간에 놓고 닥터 도드리의 전극을 앞뒤, 또는 위아래 좌우로 배치하면 암세포가 줄기세포로 환원된다.
암세포를 정상세포로 성장시키기 위해서는 그런 환경을 조성해 주어야 한다.
암세포에게 전자를 공급해 주고 암세포 스스로가 긍정적 유전자를 오픈시킬 수 있는 환경이 그것이다.

암세포는 정상세포의 성장과정에서 부정적 유전자가 오픈되어 생겨난 미성숙 세포이다.
때문에 유전적 공명의 환경을 개선해 주고 암세포에게 직접 전자 공급을 해 주면 긍정적 유전자가 촉발되면서 다시 정상세포들과 공명하게 된다.
이 과정에서 암세포들도 정상세포로 환원된다.
닥터 도드리는 암세포와 시냅스를 하면서 전자를 공급해 줄 수 있는 기능을 갖고 있다.
때문에 암세포들이 공격성을 느끼지 않고 전자를 흡수할 수 있게 된다.

충분히 전자를 섭취한 암세포는 안정된 상태로 세포 구조를 유지하면서 점차로 긍정적 유전자가 깨어나게 된다.

- 전이의 차단과 억제

암의 네 가지 전이 양태에 대해서는 닥터 도드리를 통해 효율적으로 다스릴 수 있다.
도드리 요법은 그 자체만으로도 암을 치료하지만 기존의 다른 치료법들과도 병행이 가능하다.
다만 방사선치료와의 병행은 권장하지 않는다.
항암요법과의 병행은 효과가 좋다. 최근에는 동위원소 치료법과 병행해 보았는데 이 또한 효과가 좋았다.
도드리 요법을 통한 암 치료율은 85% 수준이다.

3부

생명과 시대사상

시대와 국가

신본주의와 과학사상의 한계성

통치적 경영과 경영적 통치

* 시대사상이란 무엇입니까?

시대사상이란 시대를 이끌어가는 정신을 말한다.
지나간 시대의 시대사상을 돌아보면 시대사상에 대한 이해가 좀 더 명확하게 될 것이다.
인류가 공동체 사회를 구성한 이후부터 시대사상이 대두되었다.
공동체의 화합과 단결, 공통의 적에 대응하기 위한 효율적 전략 전술의 개발, 식량의 생산과 사회 교육 등 다양한 목적을 위해 시대사상이 제창되었다.
특히 통치의 목적을 제시하고 통치의 수단을 원활하게 집행하기 위해서 시대사상이 필요했다.

원시시대의 시대사상은 토템이었다.
국가 체계가 갖춰진 이후부터는 현인의 사상과 철학을 시대사상으로 삼았다.
페르시아의 조로아스터교, 인도의 힌두교, 불교, 기독교, 마호메트교, 유교, 도교 등 수많은 사상과 철학이 시대와 지역에 따라 나타났고 시대사상이 되었다.

우리나라를 예로 들어보면 고조선 시대나 그 이전 시대에는 천부 사상이 시대사상이 되었고 삼국시대에는 불교가 시대사상이 되었다.
통일신라도 불교가 시대사상이었고 고려 또한 불교가 시대사상이었다.

조선시대는 유교가 시대사상이었고 현재는 과학 사상이 시대사상이다.

서양의 경우 기독교 이전에는 다양한 지역에서 다양한 시대사상이 존재했다.
로마의 경우는 태양신 숭배 사상이 시대사상을 이루다가 나중 콘스탄티누스 황제 때부터 기독교가 시대사상이 되었다.
이스라엘의 경우는 기독교의 발생국이면서도 현재까지 카발리즘이 모태가 된 유대교를 시대사상으로 삼는다.

이렇듯 시대사상이라는 것은 같은 시대를 살면서도 국가나 민족, 또는 특정 집단에 따라 달라질 수도 있다.
서로 다른 사상으로 주체사상을 삼을 수 있기 때문이다.
인류가 동시대를 살면서도 서로 다른 시대사상을 갖고 있게 되면 서로 부딪침이 야기되고 극단적인 경우에는 전쟁까지 일어나는 것을 이미 경험하였다.
심지어는 같은 기독교 사상을 시대사상으로 삼으면서도 사상에 대한 해석을 달리하는 것만으로도 전쟁이 야기되는 것을 보았다.
중세의 십자군 전쟁이 그러했고 현대의 중동 전쟁이 그러했다.
우리나라의 경우는 조선시대의 유교가 그러했다.
주자식 성리학을 놓고 그것을 해석하는 방법에 따라 당파가 나뉘고 피 흘리는 숙청이 자행되었다.
고려조나 통일신라도 마찬가지였다.
같은 불교를 시대사상으로 삼았지만 통일신라식 삼관불교를 고려조에서는 배척했고 대신 천태불교를 시대사상으로 삼았다.

시대사상이 한 국가의 이념으로 자리 잡고 그 이념체계에 입각해서 법질서가 세워지고 사회 제도가 만들어지는 것은 그 나라의 지식계층이 얼마나 그 사상을 이해하고 공유하느냐에 따라 달려 있다.
비견된 예로 조선시대에는 사대부 유림들이 정권을 잡았었고 그들이 그 사회 최상류 지식인들이었기 때문에 유교를 국가 통치이념으로 삼았다.
현대의 대한민국은 어떠한가? 신학문을 배우고 익힌 지식층들이 사회의 주축이 되면서 신학문이 토대가 된 서양철학과 과학이 국가이념의 바탕이 되었다.
서양철학의 모태가 된 기독교 사상과 서양에서부터 시작된 과학혁명이 현재 우리나라의 서양식 민주주의의 토대가 되었다.
현대에는 국가마다 서로 표방하는 시대사상은 다르지만 과학사상을 부정하는 나라는 없다.
그만큼 과학 사상이 우리 시대의 중심사상으로 자리 잡은 것이다.

* 시대사상이 우리의 삶에 미치는 영향은 어떤 것입니까?

앞서 잠깐 언급했듯이 시대사상은 그 시대의 통치이념이 된다. 때문에 통치에 필요한 제반 절차나 법률이 시대 사상을 기반으로 만들어진다.
흔히 우리가 쓰는 표현 중에 올바르다는 말이 있다. 다른 표현으로는 정의라 한다.
정의의 기준이 되는 것이 시대사상이다.
시대사상이 제시하는 생명론과 존재론, 가치론에 의거해서 올바름의 척도가 세워진다.
이것을 사상적 관점에서의 올바름이라 말하는데 이렇게 세워진 올바름의 기준은 그 사회의 질서를 잡아주는 기준이 된다.

법 질서, 도덕 질서, 교육 질서 등등의 사회를 이루는 대부분의 제도가 시대사상이 제시하는 올바름에 입각해서 세워진다.
물론 이렇게 사상을 통해 제시되는 올바름이 절대적 진리는 아니다.
지나간 시대사상에서 보았듯이 지금에 와서는 잘못된 올바름의 기준이 수없이 많다.
멀리 볼 것도 없이 현시대를 놓고서도 그렇다.
각 나라의 법체계에 따라서 어떤 일은 죄가 되고 어떤 일은 죄가 되지 않는다.
심지어는 마약을 복용하는 것을 놓고서도 어떤 나라는 합법화하고 어떤 나라는 불법화한다.

이처럼 시대사상이 모태가 된 법체계도 옳고 그름의 절대적 기준이 되지는 않는다.
하지만 여기서 중시해야 할 것은 시대적 상황, 시대 환경에 따라 사상적 올바름의 기준은 달라진다는 것이다.
시대사상이 한 나라의 통치체계를 결정하는 원인이 되기 때문에 시대사상이 우리 생활에 미치는 영향은 절대적이다.
자본주의식 민주주의냐, 사회주의식 민주주의냐에 따라서 달라지는 것이 북한과 남한의 차이이다.

* 나라가 바뀔 때마다 시대사상이 바뀌는 이유는?

결론부터 말하면 나라가 바뀌어서 시대사상이 바뀌는 것이 아니다.
시대사상이 그 시대의 열망을 수용하지 못하면 나라가 바뀐다.
때로는 위정자들이 시대사상이 제시하는 정의에 부합하지 않는 그릇됨을 행했을 때 나라가 바뀐다.
후자의 경우는 대부분 정권이 바뀌는 것으로 끝나지만 전자의 경우는 반드시 나라가 바뀌는 변화를 가져온다.
그런 경우에는 새로운 나라가 건립된 후에 새로운 시대사상이 세워진다.

*** 시대적 열망과 시대 사상의 관계에 대해 설명해 주십시오.**

시대적 열망이란 동시대를 살아가는 구성원들이 갖고 있는 요구이다.
대부분 이런 요구는 국가나 지배세력에게 제시된다.
시대적 구성원, 즉 시대인들은 그 시대의 문명과 문화적 기반하에 삶을 영위한다.
문명과 문화는 시대사상의 산물이다.
시대인이 그 시대의 문명과 문화를 영위하기 위해서는 필연적으로 수반되는 과정이 교육이다.
즉 교육을 통해서 문명적 문화적 소스를 학습하고 그 결과물로서 자기실현과 풍요로운 삶을 영위하는 것이다.

이 과정에서 시대사상이 갖고 있는 한계성을 접하게 된다.
그럴 때 '왜'라는 의문을 갖게 되는데 그때 시대사상의 체계가 그것을 해소시켜주면 문제가 안되지만 그렇지 않으면 시대사상에 대한 불신이 생겨난다.
그 불신이 실생활의 불편으로 연결되면 그때 불만이 생겨나고, 그 상황에서 위정자들의 부정을 접하게 되면 저항을 하게 된다.
이 과정을 통해 사회가 분열되고 대립구도가 극렬해지면 필연적으로 시대가 종말을 고한다.

* 시대사상의 한계성이란 어떤 것인가?

시대사상은 세 가지 논리를 바탕으로 세워진다.
첫째가 생명론이다.
둘째가 존재론이다.
셋째가 가치론이다.
때문에 시대사상의 한계성은 이 세 가지 논리를 통해 가늠해 볼 수 있다.

사상의 바탕이 되는 것이 생명론이다.
생명론은 다음의 세 가지 전제로서 논리적 기반을 이룬다.
첫째가 어디에서 비롯되었는가라는 근본에 입각한 전제이다.
둘째가 무엇으로 이루어져 있는가라는 면모에 입각한 전제이다.
셋째가 무엇을 위해 존재하는가라는 존재 목적에 입각한 전제이다.

이 세 가지 전제 중에 생명의 근본에 대한 것은 사람에 따라 각기 다른 견해를 낼 수 있는 민감한 주제이다.
종교적 성향이나 교육의 정도 지역과 문화권에 따라 현격한 차이를 보이기 때문이다.
근본의 문제를 놓고 보편적인 공감대를 형성하는 것은 참으로 어렵다.
그러기 위해서는 많은 시간이 필요하다.
또한 이러한 과정에서 마찰과 대립이 있을 수 있기 때문에 지속적인 교육이 필요하다.
이런 노력을 꾸준하게 행할 때 시대가 안정된다.
시대인들 간에 화합과 조화가 이루어지도록 하려면 넓은 공감대를 형성할 수 있는 보편적인 생명론을 정립하는 것이 대단히 중요하다.
시대사상의 근본이 되는 생명론은 전통과 관습에 의거해서 세워질 수도 있고 종교나 통치 목적에 의해서 세워질 수 있다.

사상을 이루고 있는 두 번째 전제인 존재론은 존재 간의 교류 방식을 설정하는 근거가 된다.
존재론의 바탕이 되는 것이 생명 형성 과정에 대한 논리이다.
시대인이 갖고 있는 존재관은 그 시대의 사회구조와 세태를 결정짓는 가장 큰 요인이다.
조화인가 경쟁인가를 결정하는 교류 방식에서 부터 존재로서의 가치를 설정하는 데까지 그 토대가 되는 것이 존재론이다.

사상을 이루는 세 번째 전제인 가치론은 삶의 목표를 설정하는 척도가 된다.
생명은 자기 가치관에 따라 자기 가치에 대한 평가를 하고 다른 생명과 교류하는 목적을 설정한다.
황금만능주의는 자본주의식 가치관에서 생겨난 세태이다.
조선시대의 선비들은 돈보다는 명예나 체면을 더 중시했다.
이는 그 시대의 중심사상이 유교였기 때문에 생겨난 가치관이다.
시대를 이끌어가는 중심사상이 갖고 있는 생명관과 존재관, 가치관은 그 시대의 사회구조와 시대의 지향성을 결정짓는 가장 큰 원인이다.
한 시대와 그 시대를 이끌어가는 사상 간에 작용하는 이러한 연관성은 사상의 변천에 따라 시대의 흐름이 바뀌게 되는 가장 큰 이유가 된다.
시대사상이 시내인의 열망을 충족시켜주지 못하고 자기 존재 목적을 실현할 수 있는 밑거름이 되어주지 못하면 존립에 한계를 맞게 된다.
이런 상태가 되면 또 다른 사상과의 교류를 통해 발전을 이루든지 아니면 새로운 사상으로 대체되어야 한다.
그때 필요한 것이 새로운 생명론이다.
시대사상이 한계를 맞이했을 때 이와 같은 변화를 도모하지 못하면 시대인들 간에 필요 이상의 경쟁이 야기된다.
이런 상태가 정도 이상 지속되면 새로운 시대가 열리게 된다.
시대가 이런 과정을 통해 바뀌게 되면 변화하는 시간도 길어지고 수많은 생명들이 고초를 겪게 된다.
때로는 전쟁이 일어날 수도 있고 폭동이 일어날 수도 있으며 독재자가 나타날 수도 있다.
이와 같은 이유 때문에 시대의 변화를 이루는 것은 그 과정이 중요하다.

만약 올바른 생명관을 토대로 세워진 사상을 통해 시대가 변화된다면 그 시대를 살아가는 사람들에게 큰 이익을 주지만 그릇된 생명관을 토대로 세워진 사상을 통해 시대가 변화된다면 지극히 큰 해를 끼치게 된다.
그러므로 올바른 생명관을 토대로 생명들 간에 화합과 조화를 이룰 수 있는 사상을 정립하는 것은 대단히 중요한 일이다.

올바른 생명관을 바탕으로 하는 사상은 존재와 존재가 경쟁이 아닌 조화를 통해 삶을 성취할 수 있는 방법을 제시해 준다.

현대는 우리가 지금까지 생각지도 못했던 수많은 이적들이 생겨날 수 있는 시대이다.
과학의 진보와 영능력의 개발, 우주생명과의 접촉으로 인해 수많은 변화가 생겨날 것인데 이러한 시대를 살아가기 위해서는 한계를 지닌 현시대의 사상을 바꾸어야 한다.
지금까지 우리의 존재관과 가치관의 바탕이 되어온 이 시대의 사상은 앞으로 경험하게 될 수 많은 변화들을 포용할 수 없다.
특히 생명관 부분에 있어서는 신본주의를 바탕으로 한 인간중심주의가 그 핵심을 이루고 있기 때문에 현재는 물론이거니와 다가올 우주시대를 수용하기에는 부족한 부분이 많다.

자본주의 사상이 갖고 있는 생명관은 이 시대를 살아가는 사람들에게 경쟁을 방식으로 한 삶을 살도록 했다.
이러한 삶의 방식은 이 시대를 사는 사람들 사이에 과도한 경쟁을 부추겨서 사회 자체가 분열되고 대립할 수 있는 구조를 만들었다.
우리가 당면한 이러한 시대 상황은 대다수의 사람들을 경쟁으로 내몰아 자신의 삶을 원만하게 실현하는 것을 불가능하게 하였다.
또한 조화를 통해 삶을 성취하는 방법을 상실토록 해서 개인주의나 집단이기주의라는 고질적인 병폐를 만연케 하였다.
이것이 바로 생명관의 미흡함과 더불어 현대의 시대사상이 한계에 이르게 된 또 한 가지 원인이다.

우리가 살고 있는 현시대가 경쟁을 통해 분열과 반목을 거듭하면서 흘러가지 않도록 하기 위해서는 지금부터라도 조화를 통해 삶을 성취할 수 있는 방법들을 제시해 주어야 한다.
필자가 이 책을 통해서 독자에게 제시하고자 하는 것이 바로 경쟁이 아닌 조화를 통해 삶을 성취하는 방법이다.

* 현 시대사상인 과학 사상과 기독교 사상의 한계성

먼저 기독교 사상의 한계성에 대해 논해 보자.
생명론을 놓고서 기독교 사상을 들여다보자.
기독교 사상은 생명의 근본을 하나님에 둔다.
생명의 면모는 창조된 존재로서 창조주를 닮아있다 말한다.
생명의 존재 목적은 오로지 하나님의 종으로서 살면서 율법에 순종하는 것을 목적으로 한다.
성경에 의거해 보면 생명의 근본인 하나님이 두 가지 존재성을 갖고 있다.
하나는 공의성이다.
또 하나는 개체성이다.
태초에 말씀이 있었다는 대목의 하나님은 공의적 하나님이다.
하지만 믿음과 서약을 중시하고 소돔과 고모라를 멸망시킨 하나님은 개체적 신으로서의 하나님이다.
생명의 근본을 하나님에 두는 기독교는 공의의 하나님이 어떤 과정을 통해 개체신이 되었는가에 대한 해석이 필요하다.

그리고 공의의 하나님이 믿음의 대상인가, 개체신인 하나님이 믿음의 대상인가라는 부분에 대해서도 명확한 관점을 표방해야 한다.
만약 이 부분에 대해서 뚜렷한 논리를 세우지 못하면 그것이 기독교 사상의 한계를 가져오는 가장 큰 원인이 될 것이다.

또 한 가지 부분은 하나님은 어떻게 생겨났는가라는 부분이다.
공의의 하나님의 경우 어떻게 출현하게 되었는지 그 원인과 결과에 대한 논리가 명확하게 제시되어야 한다.
하지만 현대의 기독교는 그 부분에 대한 논리체계가 갖추어지지 못했다.
이 또한 기독교가 시대적 열망을 충족시켜주지 못하는 또 한 가지 원인이다.

생명의 면모를 놓고서도 어떻게 생명의 창조가 이루어졌는지 그 구체적인 과정에 대한 부연 설명이 필요하다.
인간의 마음은 어떻게 창조되었으며 육체 구조물의 각각의 기능과 관계성이 어떻게 창조되었는지를 그 방법과 과정에 대해서 상세한 설명이 제시되어야 한다.
현대 과학을 접해본 사람들은 대부분 창조론을 부정한다.
오히려 진화론을 신봉한다.
하나님의 시작과 하나님이 창조를 행한 과정에 대한 논리적 근거가 부족하기 때문이다.
현대의 기독교가 현대 과학의 진화론적 논리체계를 뒤집고 시대사상으로서의 역할을 하기 위해서는 창조론의 논리체계를 새롭게 갖춰야 한다.
현대의 기독교는 그런 논리가 생략된 채로 무조건적인 믿음을 강조한다.
이것이 기독교 사상이 갖고 있는 또 한 가지 한계성이다.

존재 목적의 설정과 실현을 놓고서도 마찬가지이다.
오로지 말씀에 순종하고 믿음을 저버리지 않는 것을 존재 목적으로 삼기 때문에 서로 다른 사상을 갖고 있는 사람들과 교류하는 것이 어려워진다.
같은 믿음을 갖고 있는 신자들끼리는 그렇지 않지만 믿음이 다른 사람과의 관계는 존재 목적에 입각한 교류를 행하지 못하고 오히려 배척하고 적대시한다.
이런 사고방식은 사상적 배타성을 지나치게 확장시켜서 다른 사상을 갖고 있는 사람들과 부딪침을 야기한다.
이 또한 기독교 사상이 한계성을 갖게 되는 한 가지 원인이다.

생명론을 놓고서도 이런 한계성을 갖고 있는데 존재론과 가치론의 관점에서 보면 더욱더 큰 한계를 드러낸다.
기독교 사상에서 제시하는 존재론은 첫째가 믿음에 충실한 자가 되는 것이다.
선악과를 따먹은 아담과 이브가 에덴에서 쫓겨난 이후 하나님의 사랑을 가장 크게 받았던 사람이 아브라함이다.
아브라함은 그 자손들조차도 대를 이어서 하나님의 사랑을 받았다.
아브라함이야말로 믿음의 대명사이다.

기독교인들은 아브라함과 같은 사랑을 받는 것이 최고의 축복이라고 생각한다.
믿음과 더불어 강조되는 것이 사랑이다.
네 이웃을 네 몸과 같이 사랑하라는 성경의 말씀은 기독교 사상을 확장시킨 가장 큰 원동력이다.
하지만 그런 사랑조차도 같은 믿음을 갖고 있는 대상에게만 부여되는 편향된 애정이다.
믿음이 다른 사람들은 철저하게 배격한다.
이른바 종교적 배타성이 유독 강한 종교가 기독교이다.
위정자들은 기독교의 이러한 배타성을 활용해서 다른 나라를 침략하는 수단으로 삼았다.
유일신 사상과 절대적 믿음을 기반으로 한 기독교의 존재론은 존재 간의 교류 방식을 설정하는데 있어 이와 같은 한계성을 갖고 있다.

서로 다른 믿음을 갖고 사는 사람들을 사탄으로 규정해서 철저히 공격하고 배격하는 삶의 방식은 이웃은 물론이고 주변 나라와 끊임없는 분쟁을 야기했으며 이것은 현재 진행형이다.
기독교 사상이 제시하는 최고의 가치는 복음을 전파하는 것이다.
한 사람이라도 더 하나님의 백성으로 만들면 그것이 자기실현을 이루는 최고의 성취이다.
그렇기 때문에 전도를 위해서는 물불을 가리지 않는다.
심지어는 죽음도 불사한다.
오히려 전도를 하다가 죽으면 순교자가 된다.

기독교 사상은 로마 이후부터 현대까지 서양을 지배해온 중심 사상이다.
하지만 사상이 갖고 있는 이러한 한계성 때문에 시간이 지날수록 쇠퇴해가고 있다.
현대의 기독교를 유지하는 유일한 원동력은 축적된 자본과 조직력이다.
과학 사상과 생명론을 놓고 부딪치는 기독교는 이미 시대사상으로서의 기능을 잃어버렸다.

과학 사상의 한계성에 대해 논해 보자.
과학 사상의 생명론은 생명의 근본을 자연발생에 둔다.
생명의 면모는 의식, 감정, 의지에 두고 생명의 존재 목적을 무한 경쟁을 통한 적자생존에 둔다.

현대 과학 사상은 생명의 시작을 말하는 여러 가지 주장이 있다.
알렉산더 비랭킹은 '무'에서 생명이 시작되었다 말하고 또 다른 과학자들은 빅뱅이론과 진화론을 말한다.
빅뱅이론의 경우를 보면 빅뱅을 일으킨 원인에 대해서 뚜렷하게 제시하는 논리가 없고, '무'에서 생명이 시작되었다고 주장하는 논리는 '무'가 어떤 과정을 통해 '유'로 변화되었는지에 대한 논리가 없다.
특히 빅뱅 이전의 우주가 어떤 상태였는지에 대해 명확한 논리를 제시하지 못한다.

진화론을 놓고서도 마찬가지이다.

세포 구조물이 생겨난 원인에 대해서도 뚜렷한 이유를 제시하지 못한다.
더군다나 단세포생물이 다세포생물로 진화하기 위해서 어떤 변화가 작용했는지 그 원인에 대한 해답을 제시하지 못한다.
생명의 면모를 놓고서도 의식, 감정, 의지가 어떤 과정을 거쳐서 생겨났는지 명확한 근거를 제시하지 못한다.
그냥 정신 체계가 있어서 마음 작용이 일어난다고 믿고 구체적인 생명 경로에 대해서는 아직도 연구 중이다.

과학 사상이 갖고 있는 이러한 한계성은 많은 사람들이 갖고 있는 생명의 시작에 대한 의문을 해소시켜주지 못한다.
다만 발전된 문명이 갖고 있는 편리성과 삶을 풍요롭게 하는 다양한 문화로서 시대적 열망을 충족시켜가고 있을 뿐이다.
과학 사상이 갖고 있는 가장 큰 한계성이 유물론적 사고관과 무한 경쟁의 논리이다.
유물론적 사고가 갖고 있는 한계성은 자연을 파괴하고 생명을 경시하며 오로지 물질의 성취를 자기 가치로 삼고자 하는 왜곡된 시대상을 만들었다.
무한 경쟁, 약육강식의 논리가 가져다준 한계성도 마찬가지이다.
생태계적 자연법칙을 인간의 삶에 적용함으로써 경쟁을 당연시하고 약자위에 군림하는 것을 당연한 권리로 생각하는 삐뚤어진 존재방식을 갖도록 하였다.

인간은 자연의 일부지만 지성과 이성이 있다.
때문에 생태계를 살아가는 동물과는 전혀 다른 삶의 양태를 갖고 있다.
인간에게는 사상과 철학이 있고 어떤 생명보다도 뛰어난 질서의식과 사회의식이 있다.
그런데 삶의 목적을 성취하는 것을 놓고서는 그런 잣대를 던져버리고 동물의 잣대를 들이댄다.
그것을 어찌 올바르다 하겠는가.
약육강식 무한 경쟁의 논리가 만들어 낸 것이 시장경제 논리이다.
자유경쟁을 통해 자본을 취득하고 그렇게 취득된 자본을 통해 자기 삶의 가치를 높여가는 것은 당연한 도리라고 생각하는 것이 시장경제의 논리이다.
이것은 잘못된 논리이다.
경쟁에서 떠밀리고 삶의 터전을 잃어버린 사람들이 갖게 되는 절망과 상처를 어떻게 치유할 것인가.
과학 사상의 존재론과 가치론의 체계에서는 그것에 대한 해답을 찾을 수 없다.

이런 양극화가 정도 이상 지속되면 소외계층이 갖고 있는 불만과 불신이 저항으로 나타난다.
결과는 사회의 분열이다.
과학 사상이 시대사상으로서의 역할을 원만하게 하기 위해서는 이런 한계성을 극복할 수 있는 생명론과 존재론, 가치론에 대한 보완이 필요하다.
과학적 사고를 통해 들여다보지 못했던 영역들을 새로운 관점으로 들여다보고 지나간 시대사상 속에서 그 사상들이 갖고 있는 장점들을 발굴해서 한 단계 발전된 사상체계를 갖추어야 한다.
과학 사상을 기반으로 세워진 현대의 문명은 여덟 가지 분야에서 큰 성취를 이루었지만 그 자체가 한계가 되는 딜레마에 빠져 있다.

첫째가 식량 분야이다.
둘째가 의료 분야이다.
셋째가 에너지 분야이다.
넷째가 경제 분야이다.
다섯째가 교육 분야이다.
여섯째가 기술 분야이다.
일곱째가 환경 분야이다.
여덟째가 통치 분야이다.

인구의 팽창으로 인해 식량이 부족해졌다.
지금 이 순간에도 기아로 죽어가는 수많은 사람들이 있다.
이 문제를 해결해야 한다.
그러기 위해서는 새로운 농법을 개발해야 한다.
사막에서도 농사를 지을 수 있고 도시의 빌딩에서도 농사를 지을 수 있는 새로운 농법을 개발하고 보급해야 한다.

새로운 질병이 생겨나고 있다.
지금까지 인류가 경험해보지 못한 신종 질병들이 인간의 손으로 만들어져서 인간의 존립을 위협할 만큼 거대한 소용돌이를 만들어내고 있다.
이런 질병을 극복하기 위해서는 기존의 의료체계에 변화를 주어야 한다.
특히 생명을 바라보는 관점을 달리해야 한다.
현대의 의학은 증상에 따른 치료에는 많은 발전을 이루었지만 질병이 생겨나는 원인을 찾고 그 뿌리를 치료하는 것에서는 아직도 미흡한 부분이 많다.
생명을 보는 관점을 달리해야 그 한계를 극복할 수 있다.

현대 인류는 에너지 고갈에 직면해 있다.
화석연료를 대체해서 원자력 발전이 늘어나고 있지만 폐기물 처리와 방사능 누출의 위험성 때문에 그마저도 대체에너지로서의 한계를 갖고 있다.
태양광이나 풍력발전 등 새로운 대체에너지 개발이 활발하게 이루어지고 있지만 그것만 가지고는 늘어나는 에너지 소비량을 감당할 수 없다.
인구가 늘어가고 초거대 국가가 생겨나면서 에너지 소비가 무한대로 늘어나게 되었고 그런 에너지를 충당하려면 새로운 형태의 에너지가 개발되어야 한다.
현대 과학이 갖고 있는 기술적 한계성을 극복하지 않으면 이 문제가 해결되지 않는다.
에너지와 결부된 자원 고갈 문제는 나라 간에 충돌을 일으킬 만큼 큰 문제점을 내포하고 있다.
상대 국가를 적대시하고 상대국의 발전 속도를 늦추어서 에너지 소비량을 줄이고자 한다.
미국과 중국은 이미 이 전쟁의 소용돌이 속으로 휘말려 들었다.
중국이 일등국가로 도약하면서 자원을 소비하는 양이 문명의 종말을 앞당길 만큼 심각한 문제로 대두되었다.
그러자 미국이 음으로 양으로 중국을 공격하면서 문명의 충돌이 시작된 것이다.
이것은 현재 인류에게 있어서 대단히 불행한 일이다.
인류가 에너지 문제를 극복하지 못하면 지금보다 더 큰 충돌이 일어나서 결국에는 시대의 종말이 앞당겨질 것이다.

특정 세력이 중심이 되어서 주도해가는 세계 경제는 부의 편중이 지나치게 이루어지도록 했다.
그 결과로 절대다수의 사람들이 가난의 굴레에서 벗어날 수 없는 기형적 구조를 갖게 하였다.
이는 국가 간의 관계에도 영향을 미쳐서 대부분의 국가가 경제 자립을 이루지 못하는 한계를 갖게 하였다.
기축통화를 찍어내면서 전 세계의 자본시장을 지배하는 세력은 국가가 아니라 특정 세력이다.
현재 그 세력들은 미국을 모국으로 활동하고 있지만 목적에 부합되지 않으면 언제든지 미국마저도 저버릴 수 있는 가능성을 갖고 있다.
그들은 전 세계 중앙은행을 70% 가까이 장악하고 있고 국가 경제정책에도 절대적인 영향력을 행사하고 있다.
심지어는 별도의 중앙은행 법을 만들어서 국가 재무 체계와 상관없이 독자적으로 중앙은행을 운영하고 있다.
우리나라는 IMF를 겪으면서 중앙은행 법이 만들어졌다.
그러면서 우리나라의 중앙은행도 합병되었다.

현시대의 진정한 통치자는 바로 그들이다.

그들은 표면적으로는 미국을 내세워서 세계를 지배하지만 이면에서 미국을 지배하는 것이 그들이다.
한 나라의 흥망성쇠는 이들에게 달려있다.
이들이 세계 통치의 방향을 어떻게 설정하느냐에 따라 인류의 미래가 달라진다.
이 세력들이 세상을 지배하는 수단이 앞서 제시한 여덟 가지 분야와 군사력이다.
이 세력들은 여덟 가지 산업을 지배하면서 세계 경제를 지배한다.
이들은 2등 국가가 출현해서 여덟 가지 분야에 대한 기득권을 침해하는 것을 절대로 용납하지 않는다.
구소련이 체제를 통해 이들과 대립했다가 분열되었고 현재는 중국이 이들과 대립각을 세우고 있다.
하지만 이 세력을 감당해내기에는 역부족이다.
오히려 중국은 문명의 말살이라는 절체절명의 위기에 처해 있다.
이런 시대 상황 속에서 우리나라는 어떤 목표를 가지고 국가가 나아갈 방향을 삼아야 할까.
또 어떻게 경제정책을 펼쳐야 할까.
이것이 통치자가 고민해야 할 가장 큰 문제이다.

시대사상이 갖고 있는 한계성은 고스란히 이들 특정 세력이 갖고 있는 한계성이기도 하다.
과연 그들은 얼마만큼의 기술을 갖고 있을까.
현생인류의 열망을 충족시켜줄 수 있을 만큼 충분한 기술력을 갖고 있을까.

아니면 아직도 부족할까.
지켜볼 일이다.

교육의 목적은 역량 있는 시대인을 양성해내는 것이다.
역량 있는 시대인이란 누구인가.
시대사상을 이해하고 그로부터 새로운 문명과 새로운 문화를 창조할 수 있는 능력을 갖춘 사람을 일컫는다.
이런 사람을 인재라 한다.
시대의 한계를 극복할 수 있는 가장 좋은 방법이 인재를 양성하는 것이다.
그러기 위해서는 시대사상이 제시하는 생명론이 시대인의 능력을 향상시켜줄 수 있는 진보된 내용을 담고 있어야 한다.

앞서 12연기의 과정을 설명하면서 말씀드렸듯이 인간의 면모를 규정짓는 근거를 어떻게 제시해 주느냐에 따라서 자기 개발의 목표가 달라진다.
6식을 자기로 아는 사람은 6식의 활용에 만족해서 그 수준에 머물고 7식과 8식, 9식과 10식이 있는 것을 알고 그 방향으로 자기 발전을 이루고자 노력하는 사람은 6식의 체계에 안주하지 않는다.
그렇게 해서 갖추게 된 자기 능력을 새로운 문명과 문화를 창조하는 데 쓰일 수 있도록 해 주면 그런 사람으로 인해서 시대의 정체성이 해소되고 시대가 발전한다.

교육은 지식의 습득만을 위해서 행해지는 것이 아니다.
향상된 능력을 갖출수록 시대에 대한 책임을 더불어서 갖추도록 존재관과 가치관을 키워주는 일이 교육을 통해 이루어진다.
특히 경쟁을 방식으로 해서 살지 않고 조화를 방식으로 해서 살 수 있도록 그 방법을 가르쳐주는 것이 중요하다.
현대의 과학 사상이 시대사상으로서 한계를 갖게 되는 가장 큰 원인이 존재 간의 교류 방식을 경쟁으로 삼은 데서 비롯되었으며 그 한계를 극복하기 위해서는 교육체계 자체를 새롭게 정비해야 한다.
과학 사상을 기반으로 한 현대의 교육체계는 교육과정 속에서도 경쟁을 부추겨서 조화인을 양성하기보다는 승자를 양성해내는 것을 목적으로 삼는다.
그렇게 양성된 승자들은 자기만족과 행복을 위해서 삶을 살아갈 뿐 시대에 봉사하고 헌신하고자 하는 마음을 내지 않는다.
그런 사람이 사회의 지도자가 되면 그 사회는 필연적으로 부정부패에 휩쓸리게 된다.
그런 사람이 통치자가 되면 나라도 자기 이익을 위해 활용한다.

과학 사상을 바탕으로 해서 발전한 과학기술은 현대 문명을 눈부시게 꽃피웠다.
하지만 과도한 에너지 소비를 야기해서 자원 고갈을 부추기는 원인이 되기도 하였다.
현대의 과학기술은 1900년대 초에 그 기틀이 만들어졌다.
전자 기술에서부터 IT 기술, 의료 기술, 무기 제조기술이 이 시기에 만들어졌다.
심지어는 공간이동 기술조차도 이 시기에 만들어졌다.

하지만 아직까지 상용되지는 못하고 있다.
원자력을 비롯한 핵물리학도 이 시기에 개발되었으며 양자물리학도 이 시기에 태동했다.
전기기술 또한 이 시기에 만들어졌다.

이 시기에는 오히려 현대보다도 더 발전된 분야가 있었다.
테슬라 같은 경우 하늘의 양전기를 끌어다 쓰는 방법을 사용했고 그 동력으로 자동차를 만들어서 타고 다녔다.
빅터 샤우버거는 전자기 양력으로 시속 2000킬로미터 이상을 낼 수 있는 반중력 비행체를 만들었다.
1936년 필라델피아 실험에서는 이미 공간 이동 실험에 성공했고 오펜 하우어 프로젝트에서는 미래로의 시간 여행까지 다녀온 사람도 있었다.

1910년대 독일 외곽의 공군기지에 추락했던 삼각형 우주선은 신체에 접촉하는 것만으로도 정보를 전송해줄 수 있는 IT 시스템을 갖고 있었다.
즉 미확인 물체와 인간이 서로 접촉하는 것만으로도 대화할 수 있는 IT 기술이 그 시기에 이미 존재했던 것이다.
필라델피아 실험과 오펜 하우어 프로젝트에 참여했던 과학자들은 그 시기에 이미 공간 이동과 시간 여행이 가능하다는 결과를 실험을 통해 확보하고 있었다.
필라델피아 프로젝트는 1936년부터 1983년까지 미국 의회에서 승인된 자금으로 공식적인 연구를 진행했다.
1983년 이후에는 공식 실험이 중단되고 비공식화되었다.
오펜 하우어 프로젝트는 아직도 베일에 싸여 있다.

그 프로젝트에 관련된 내용이 일부 유출된 적은 있지만 그 이후로는 철저하게 비밀에 부쳐졌다.

오스트레일리아 태생의 빅터 샤우버거는 2차대전이 끝난 후 미국으로 끌려가서 5년 동안 감금을 당한 채로 반중력 기술에 대해 심문을 받았다.
빅터 샤우버거는 전자기 양력을 활용해서 반중력 장치를 만든 사람이다.

베를린 외곽에 추락했던 삼각형 유에프오를 손으로 접촉했던 두 사람이 있었다.
그중 한 사람이 그 당시 자기 머릿속으로 들어왔던 언어를 기록해 놓은 노트가 있었는데 1980년대에 IBM에서 그 자료가 해독되었다.
그 자료는 2진법으로 표기되어 있었다.
자료분석 결과 그것은 좌표였다.
인도 서북부 해안가 좌표였는데 육지에서 약 200미터 떨어진 바닷속을 가리키고 있었다.
그 지역을 발굴한 결과 고대 문명이 발견되었다.
당시 히틀러는 삼각형 유에프오를 수거해서 초기 진공관 모델의 컴퓨터를 만들었다.
이것이 현대 IT 산업의 시초가 되었다.
나중 미국이 이 기술을 가져다 현대의 컴퓨터를 만들었다.
현재 IT 기술은 삼각형 유에프오가 갖고 있던 통신 능력을 구현해내지 못한다.
기계와 인간이 대화할 수 있는 방법을 모르는 것이다.

IT 시스템을 통해 구현하고자 하는 유비쿼터스가 바로 기계와 인간이 대화하고 기계와 기계가 대화할 수 있는 세상을 만드는 것이다.
하지만 현대의 IT 기술은 아직까지 그 영역에 진입하지 못했다.

1900년대 초기부터 2020년에 이르기까지 100년이 넘는 시간 동안 과학기술이 발전되어 왔다.
하지만 그동안 발전된 과학기술을 일반 사람들이 접해볼 수 없다.
우리나라의 과학자들이 과연 최고 레벨의 과학을 접해볼 수 있었을까.
보통의 학자들이 갖고 있는 과학지식은 지극히 일반적인 것이다.
최고의 과학기술은 특정 집단만이 소유하고 있다.
고대로부터 전해진 과학기술은 스미스소니언 박물관 집단이 수집해서 현대 과학기술과 접목하는 작업을 해왔고 외계 생명체와 교류하면서 얻어진 과학기술은 특정 세력이 독점하고 있다.
아마도 공간 이동을 자유롭게 할 정도로 기술발전이 이루어졌을 거라 생각된다.
시간 여행까지는 아직 풀지 못했을 것이라 생각한다.
불교 경전을 보면 부처님은 자기 능력을 활용해서 여러 제자들을 데리고 시공간을 초월한 여행을 한다.
심지어는 지구 안에서도 특정 공간의 시간대를 달리해서 다른 차원이 형성되도록 하는 신통을 보여준다.

이것은 불의 경지를 이룬 사람이 불의 몸과 불의 정신으로서 행하는 능력이다.
이런 능력을 기계적 장치로 구현할 수 있을까.
가능하리라 본다.
그렇다면 현재의 과학기술을 독점하고 있는 특정 세력은 그에 근접하는 기술을 확보하고 있을까.
대단한 발전을 이루었을 거라 생각하지만 결론은 미지수이다.
만약 그들이 앞서 제시한 여덟 분야의 한계성을 극복할 수 있는 기술력을 확보하고 있다면 그것은 다행스러운 일이다.
그렇지 못하다면 지금부터라도 서로의 중지를 모아야 한다.

백 년 전 보어학파가 만들어 놓은 원자 모델은 지극히 단순한 모델이다.
원자는 여러 개의 얼굴을 갖고 있는데 그중 몇 가지 얼굴로 원자의 고유성을 구분 짓는 매우 부족한 원리이다.
새로운 관점의 원자 모델을 만들어야 한다.
원자핵 내부 상태를 설명할 수 있는 원자 모델, 중성자와 양성자를 이루고 있는 쿼크가 왜 그런 구조로 결합되어 있는지를 설명해 줄 수 있는 원자 모델, 전자와 양성자 간에 작용하는 인력의 원인과 전자를 튕겨내는 척력의 원인을 설명해 줄 수 있는 원자 모델, 전자 공간의 팽창과 수축이 원자핵 내부 공간에 미치는 영향을 설명해 줄 수 있는 원자 모델, 쿼크 스핀의 속도와 방향에 변화를 줄 수 있는 방법과 쿼크 결속을 임의대로 조절할 수 있는 방법, 쿼크 스핀의 속도와 방향이 원자핵의 중심부에 미치는 영향을 설명해 줄 수 있는 원자 모델 등등의 수많은 관점으로 새로운 원자 모델을 정립하는 것이 중요하다.
이 부분의 작업이 이루어지면 현대 과학은 에너지 문제에 대한 해결책을 줄 수 있고 IT 분야와 분자변형술 분야에 획기적인 발전을 이룰 수 있다.

자원 고갈, 지구 온난화로 대변되는 환경오염은 인류의 생존을 위협할 만큼 큰 문제로 대두되었다.
이미 북극과 남극의 얼음이 대량으로 녹았으며 해수면의 수위도 비약적으로 높아졌다.
대부분의 사람들은 환경오염을 일으키는 주원인이 화석연료의 소모로 인한 이산화탄소의 증가라고 생각한다.
하지만 필자는 그 원인을 다른 관점으로 바라본다.
지구온난화의 가장 큰 원인은 지구 고유진동수의 변화이다.
현재 지구는 7.83Hz의 주파수를 갖고 있다.
지구 주파수는 공간 환경에 따라 변화된다.
반대로 공간 환경을 형성하는데도 영향을 미친다.

지구 주파수에 가장 많은 영향을 미치는 것이 전파이다.
현대 문명이 만들어 낸 각종 통신기기들은 고유주파수를 통해 송수신을 하고 있다.
핸드폰의 보급이 급속도로 늘어나고 2G, 3G, 4G, 5G 시대가 열리면서 더욱 강력한 주파수로 송수신을 이루는 전파환경이 생겨났다.
전자기기가 생성해 내는 주파수가 공간 주파수에 영향을 미치고 그 영향이 지구 주파수에 간섭을 일으키면 지구를 이루고 있는 공간구조 자체가 뒤바뀌게 된다.

앞서 생명과 질병 편에서도 말씀드렸듯이 공간을 이루는 세 가지 요소인 파동, 주파수, 에너지는 공간 상태를 만들어내는 근본적인 원인이다.
이 중에서 주파수의 변화가 지나친 간섭으로 나타나면 지구 고유진동수가 달라지고 그 결과로 공간을 이루고 있는 바탕 매질인 에너지가 변화를 일으킨다.

올여름 중국을 비롯한 몇몇 지역에서 주먹만 한 우박이 떨어졌고 유례없는 마른 번개가 생겨났으며 대규모 홍수가 발생했다.
이런 현상들은 대기가 전자기 에너지를 방출하면서 나타나는 것이다.
대기를 이루는 공간 에너지는 특정 값에 따라 수분 입자가 결합하는 정도를 조율한다.
즉 대기의 고유진동수가 24 일 때는 평소와 같은 크기의 빗방울이 만들어지고, 마이너스 형질을 갖고 있는 수분 입자의 상승이 적당한 높이에서 이루어진다는 말이다.
하지만 전파 간섭으로 인해 지구 고유진동수가 25 정도로 바뀌게 되면 수분 입자의 결합이 비약적으로 커지게 되고 마이너스극을 갖고 있는 수분 입자의 상승이 양극으로 이루어진 전리층과 가까워진다.
그렇게 되면 대기의 두께가 얇아진다.
전리층의 양전자가 마이너스 형질을 갖고 있는 수분 입자 쪽으로 끌려 내려오기 때문이다.
커다란 우박이 생겨나는 것은 수분입자가 전리층 쪽으로 상승했기 때문이다.

마른하늘에 벼락이 치는 것도 대기의 고유진동수가 높아지면서 대기의 전자기에너지가 방출되면서 생기는 것이다.
이렇게 되면 대기는 얇아지고 공기 밀도는 높아지게 된다.
얇아진 대기를 뚫고 태양풍이 침입해 들어옴으로써 지구 내부의 온도가 올라가고 이로 인해 지구 온난화가 가속된다.
만약 전자기를 방출한 대기 밀도가 정도 이상 높아지면 산소기반으로 이루어진 대기 구조가 바뀔 수도 있다.

이것이야말로 인간 생존을 위협하는 가장 큰 환란이다.
북극과 남극의 얼음이 다 녹았을 때 해수면이 높아지면서 전 세계적으로 일어나는 환경 변화에 대한 시뮬레이션을 본 적이 있다.
결과는 전 세계의 80 퍼센트가 물에 잠긴다.
해수면이 무려 100 미터 정도 높아지는데 그렇게 높아진 해수면이 지구 자전과 공전시에 일어나는 회전력과 외부 인력의 영향으로 한 지역에 집중되면 수백 미터에 달하는 쓰나미가 차례차례 대륙을 집어삼킨다.
참으로 무서운 일이 벌어지는 것이다.
인류가 이와 같은 재난에서 벗어나려면 현재의 통신 기술을 지금보다 더 발전시켜서는 안된다.
오히려 5G 기술을 용도 폐기해야 한다.
3G 나 4G 만으로도 얼마든지 불편하지 않게 통신할 수 있는데 구태여 5G까지 대두시켜 그런 위협을 감수해야 하겠는가.
심사숙고해야 한다.

밀도가 높아진 대기 환경에서 생길 수 있는 또 하나의 재앙이 있다.
그것이 바로 멸종이다.
산소 기반의 대기에서 살아가는 수많은 곤충과 조류들은 대기 밀도가 바뀌면서 생존에 위협을 받는다.
그들은 24 진동의 대기에 적응되도록 생체 구조를 갖고 있다.
만약 대기의 고유진동이 25로 높아지면 지구상의 대부분의 곤충이 멸종하고 대부분의 조류가 하늘을 날지 못한다.
특히 철새들이 먼저 멸종할 것이다.
동식물에 기생하던 수많은 세균과 바이러스들이 살아남은 숙주를 찾아 몰려들 것이다.
동물과 인간에게도 새로운 질병으로 인한 끔찍한 재앙이 시작되는 것이다.
현재의 코로나19는 그 재앙에 비교하면 시작에 불과하다.

현대 문명을 종말로 이끌어갈 가장 큰 위험이 바로 환경문제이다.
환경문제를 개선하기 위해서는 다방면의 노력이 필요하지만 가장 중요한 것이 주파수의 관리이다.
지구 주파수가 7.83Hz에서 0.7 정도만 높아져도 기존의 지구 주파수로 송수신을 하던 대부분의 생명들이 지구 자연의 신호를 감지하지 못하게 된다.
그 결과가 멸종이다.
자료에 의하면 80년대 이후로 지구 주파수는 비약적으로 높아졌다고 한다.
무려 플러스마이너스 80Hz 정도로 심각한 변화를 보이고 있다.

통치란 막힘없이 흐르도록 하고, 단절된 것이 없이 서로 연결되게 하며, 평등한 실현이 이루어질 수 있는 세상을 만드는 행위이다.
경제가 막힘없이 흐르고 안과 밖이 막힘없이 교류하며 국민과 국민이 서로 소통하고 지역과 지역이 서로 연결되고 조직과 조직이 함께 협력할 수 있도록 그 명분을 이끌어 내는 것이 통치이다.
그 나라의 국민이라면 누구나 평등하게 자기실현을 이룰 수 있는 환경을 만들어 주고 시대를 이롭게 할 수 있는 인재를 발굴해서 능력에 맞게 쓰일 수 있는 여건을 만들어 주는 것이 또한 통치이다.
통치의 '통'이란 막힘없이 통하는 것이요, 분열 없이 통합하는 것이다.
'치'란 불균형을 해소하고 균형을 잡아주는 것이요, 넘치지도 않고 부족하지도 않게 다스려주는 것이다.
권리를 찾아주고 의무를 이행토록 해서 시대에 참여하도록 하고 나와 상대, 주변의 이익을 위해 공의적 명분을 세워주는 것, 그것이 또한 통치이다.

하지만 현시대의 통치는 정 반대로 흘러가고 있다.
원만하게 흘러가도록 하기보다는 편향되게 흐르도록 하고 단절됨이 없도록 하기보다는 오히려 서로 분열하고 대립하도록 만들고 평등한 자기실현의 장을 만들어주기보다는 자기편만을 이롭게 하는 그야말로 조폭보다 못한 형태를 자행하고 있다.
그것은 통치가 아니다.
각 나라는 오로지 자국의 이익만을 추구하는 거대한 이기 집단이 되어 버렸고 그런 성향은 강대국일수록 더 강하다.
오로지 자국의 이익을 위해서라면 상대국은 어떻게 되어도 괜찮다는 국가 이기주의는 또 다른 형태의 충돌을 야기하는 원인이 되고 있다.
통치가 무엇인지를 모르는 사람이 선거를 통해 선출이 되니 어찌 제대로 된 통치가 이루어질 수 있겠는가.
그저 통치자의 사익을 위해 나라를 활용할 뿐 국민의 안위와 국가의 흥망성쇠에는 관심을 두지 않는다.
지난 30년 동안 우리는 여러 사람의 통치자를 만났다.
매번 대통령이 바뀔 때마다 이번에는 잘 되겠지라고 기대를 했지만 누구나 할 것 없이 똑같은 행태를 보였다.
오히려 대가 이어질수록 더 나빠지는 양상을 보이니, 이것은 이 시대가 안고 있는 또 하나의 한계가 아닌가 싶다.

올바른 통치자를 만나지 못하는 가장 큰 원인은 교육체계의 미흡함에 있다.
현행 교육체계 속에서는 통치에 대한 교육을 받을 수가 없다.
통치자를 양성하는 프로그램 자체가 없기 때문이다.
한 번도 통치에 대한 교육을 받아보지 못하고 한 번도 통치적 관점으로 세상을 바라보지 못했던 사람이 어느 날 갑자기 통치자가 된다.
그러니 통치적 안목이 생길 수가 없는 것이다.
그것은 불가능한 일이다.

해방 이후 열 분의 선출된 대통령들이 있었다.
그분들 중 그나마 생각나는 대통령이 두 분이다.

박정희 대통령과 노무현 대통령이다.
박정희 대통령은 국가와 민족의 번영을 위해 노력했던 분이다.
여러 가지 공적이 있지만 그중 가장 큰 공적은 국민을 하나로 화합시킨 것이다.
박정희 대통령은 새마을 운동을 통해 국민 화합을 이끌어 냈다.
새마을 운동의 가치는 가난을 혁파한 것에서도 찾을 수 있지만 국민 화합을 이끌어 낸 것이 더 큰 가치이다.
그런 국가적 단합은 그 이전에도 없었고 그 이후에도 없었다.
어찌 보면 지금이 국민 단합을 이끌어내야 할 가장 필요한 때이다.

노무현 대통령은 서민 친화적인 매력이 있었다.
그분의 가장 큰 업적은 국가를 지배하는 기득권 세력을 표출시켜서 나라가 그 세력들의 사익을 위해 도구화되는 것을 막으려 한 것이다.
하지만 그 시도는 물거품이 되었다.
오히려 그 세력들이 더욱더 은밀해지도록 하는 단초를 제공했다.
하지만 그분의 그런 노력으로 인해 우리는 그 세력들이 갖고 있는 민낯을 조금이나마 볼 수 있었다.

통치의 목적이 앞서 제시한 세 가지 관점이라면, 통치의 시작은 국민화합을 이루는 것이다.
국민 화합을 위해서 맨 처음 제시되어야 하는 것이 국가 존재 목적이다.
국가 존재 목적이란 국가가 나아갈 방향을 설정하는 것이다.
국민의 행복추구권을 충족시켜주고 세계 공영에 이바지할 수 있는 국가 존재 목적을 세워서 국민의 단합을 이끌어내는 것이 통치의 시작이다.

지난 세월, “잘 살아보세”라는 슬로건을 내걸고 “국가 존재 목적”을 삼았던 때가 있었다.
그 시절 우리는 “한강의 기적”을 만들어내었고 작금의 대한민국을 세계 속에 주목받는 나라가 되도록 하였다.
국가 존재 목적이 제시되었을 때 우리 민족만큼 화합하고 단결하는 모습을 보인 민족은 일찍이 세계 어디에도 없었다.
IMF 금 모으기 운동, 2002 월드컵, 2016 촛불 집회에 이르기까지 그야말로 어떤 나라의 국민도 흉내 낼 수 없는 기적을 보여주었다.
그렇다면 지금 이 시대상황에 맞는 “국가 존재 목적”은 무엇일까?
다음의 세 가지 안으로써 국가 존재 목적을 삼을 수 있다.

아름다운 나라 - 아름다운 국토 가꾸기
행복한 나라 - 문화로써 행복한 나라 만들기
나라다운 나라 - 내가 펼쳐지는 세상, 우리나라 바로 세우기

국가 존재 목적을 설정하고 그것을 실천해가고자 한다면 반드시 선행되어야 할 세 가지 전제가 있다.

첫째는 교화이다.
이는 국민 모두에게 국가 존재 목적을 인식시키고 그것을 실천해 가는 방법을 전해주기 위해서 필요한 과정이다.
교화를 위해서는 그 과정을 수행할 수 있는 지도자들이 필요하다.
그들로 하여금 국민들에게 국가 존재 목적을 제시해 주고 그것을 성취할 수 있는 방법을 지속적으로 계몽하게 한다.

둘째는 조화이다.
조화란 나의 존재 목적과 상대의 존재 목적, 주변의 존재 목적이 더불어서 성취되는 것을 말한다.
때문에 국가 존재 목적의 실현을 놓고 개인이나 집단의 존재 목적이 도외시되어서는 안 된다.
기업이나 사회적 공동체, 그리고 각각의 개인이 갖고 있는 존재 목적과 서로 부딪치지 않도록 그 실행 방법을 놓고 심사숙고해야 한다.
만약 분쟁이 야기되었을 경우 그것을 조율할 수 있는 별도의 기관을 두어야 한다.

셋째는 치화이다.
치화란 평등하게 자기를 실현할 수 있는 환경을 만들어주는 것이다.
이익을 전제로 삼는 것이 아니고 흐름을 전제로 삼는 것이며 소외된 것이 없도록 사회구조를 만드는 것이다.

우리나라는 금수강산이다.

본래 그 자체로 이미 아름다운 나라이다.
하지만 무분별한 개발과 무차별적인 환경훼손으로 많은 국토가 본래의 아름다움을 잃어 버렸다.
관광 대한민국을 만들려면 우리 국토가 지금과 같이 방치되어서는 안된다.
계획성 있고 짜임새 있게 국토를 가꾸어야 한다.
전국 3만 3천 개 마을별로 마을 아름답게 가꾸기 운동을 실행한다.
마을 주민들의 의견을 수렴하고 지도자가 갖고 있는 계획을 더해서 방향이 정해지면 그것을 심사해서 자금을 지원하고 기술 노하우를 전수한다.

행복은 저절로 오는 것이 아니다.
행복은 스스로가 창출하는 것이다.
행복을 창출할 수 있는 방법 또한 교화로서 이룬다.
문화적 가치 만족을 이룰 수 있는 방법에 대해 지속적인 교화를 행한다.
부와 명예와 권력이 행복을 주기도 하지만 문화적 소양을 향상시키면서 거기에서 자기 가치 만족을 느낄 수도 있다.
지속적인 교육을 통해 문화적 소양을 향상시킨다.
문화로 행복한 나라, 문화 대한민국을 만들어야 한다.

나라란 내가 펼쳐지는 세상을 말한다.
'나의 나라', '우리나라' 란 말은 내가 맘껏 나를 펼칠 수 있는 나라, 우리가 맘껏 우리를 펼칠 수 있는 나라라는 뜻이다.
특권도 없으며 양극화도 없다.

기득권도 없으며 실세도 없다.
누구나 평등하게 자기가 노력한 만큼 자기 성취를 이룰 수 있는 나라.
소외된 사람이 없고 누구나 평등하게 서로 교류할 수 있는 나라.
각자가 갖고 있는 두드러진 재능을 맘껏 펼칠 수 있는 장을 만들어준다.
국민 재능 추천제, 장한 국민 추천제를 시행한다.
각 지역의 지도자들이 이 역할을 하도록 한다.
문화, 예술, 기술, 아이디어 등 어떤 재능이라도 특별한 재능을 갖고 있는 사람이 있다면 그 사람들을 추천토록 하고 그 과정에서 모아진 기술 콘텐츠를 통해 새로운 국가 산업을 일으킨다.
그 결과로 기술 영토, 문화 영토를 확장하고 창조적인 대한민국을 만든다.

* 국가란 무엇인가?

국가란 국민과 영토와 국본으로 이루어진 생명공동체이다.

국민이란, 국가의 통치이념을 따르는 자이며 부여된 의무를 다하는 자이고 그 나라의 문화적 가치를 공유하는 자이다.
여기에 한 가지를 더한다면 우리가 만든 우리 상품을 소비해 주는 사람들이다.
영토는, 예전에는 통치권이 미치는 국토만을 영토라 했지만 현대에 와서는 그 개념이 달라졌다.
문화영토나 경제영토, 기술 영토, 정신 영토 등 새로운 영토의 개념들이 생겨났다.

국본이란 국민을 대표하는 지도자를 말한다.
국본은 모든 국민을 자기 자식처럼 생각해야 하며 공정하고 평등하게 대해야 한다.
때문에 편협된 사상이나 가치관을 갖고 있어서는 안되며 특히 특정 종교에 집착해서는 안 된다.
국본은 이익을 놓고 나라의 통치를 생각해서는 안 되며 오로지 정체되지 않고 흘러가도록 하는 것을 목적으로 통치를 해야 한다.
국본이 통치를 행할 때는 다음의 두 가지를 분별할 줄 알아야 한다.

첫째는 통치적 경영이다.

둘째는 경영적 통치이다.

통치자는 위의 두 가지 방법을 통해 국가를 발전시키고 국가 존재 목적을 실현해야 한다.

통치적 경영이란 통치의 세 가지 관점을 실현함으로써 국가와 국민을 이롭게 하는 것이다.
통치적 경영을 하기 위해서는 이익과 손해를 계산하지 않아야 한다.
오로지 머물지 않도록 하고, 단절됨이 없도록 하고, 평등한 실현이 이루어지는 것을 가치로 삼을 뿐, 따로 이익을 추구하지 않는 것이다.

경영적 통치란 먼저 상대를 이롭게 하고 나중에 자기를 이롭게 하는 것이다.
경영적 통치가 이루어지기 위해서는 항상 상대를 이롭게 할 수 있는 재능이나 기술을 갖추고 있어야 한다.
만약 그런 조건이 갖추어지지 않았으면 아직 경영적 통치를 할 때가 아니다.
통치자는 자국이 보유하고 있는 기술과 자원이 얼마만큼의 가치를 갖고 있는지 명확하게 파악하고 있어야 한다.
그런 다음 상대국에게 줄 수 있는 이익이 무엇인지를 알아서 그것을 전제로 국가 간에 교류를 도모해야 한다.
줄 것이 없는데 받으려고만 하는 교류는 불평등한 관계가 설정되는 원인이 된다.
그런 관계가 지속되면 속국이 된다.

우리나라와 미국의 관계가 그렇다.
지금처럼 받기만 하는 관계로는 속국의 한계에서 벗어날 수 없다.
그렇다고 줄 것도 없으면서 무조건 속국의 관계에서 탈피하려고만 해서도 안된다.
군사적 종속국, 기술적 종속국, 교육적 종속국, 경제적 종속국, 문화적 종속국 등등 미국과의 관계에서 우리는 속국의 한계를 벗어나지 못하고 있다.
그런 마당에 정치적 종속국에서 벗어나려고 바둥거린다.
그것이 어찌 가능한 일이겠는가.
더군다나 중국과의 관계에서 마저 속국으로 전락할 위기에 처해있다.
국가 간의 관계에서는 약점을 잡혀서는 절대로 안 된다.
그런 관계가 되도록 하면 국민과 국가를 팔아먹는 것이다.
특히 중국과의 관계에서는 절대로 약점을 잡히면 안 된다.
혹시라도 미국의 속국에서 벗어나려고 중국을 끌어들일 생각을 한다면 그런 발상은 더더욱 안 된다.

상대를 이용해서 상대를 제압하는 것은 통치자가 할 일이 아니다.
그것은 그저 전략일 뿐이다.
통치자는 전략 전술로써 통치를 행하면 안 된다.
그렇게 하면 나라도 망치고 자신도 망친다.
상대를 이롭게 할 수 있는 그 무엇이 갖추어질 때까지 국가적 역량을 키우면서 기다려야 한다.
국민을 단합시키고 인재를 양성하면서 묵묵하게 가다 보면 언

젠가는 상대에게 줄 수 있는 것이 갖추어진다.
통치적 경영이 원만하게 이루어지면 그 나라는 반드시 부강한 나라가 된다.
그때까지 기다려야 한다.

우리나라가 처해진 여러 가지 한계성을 극복하기 위해서는 먼저 국민 통합을 이루어야 하고 영토를 확장해 가야 한다.
특히 기술 영토나 문화 영토 정신 영토를 확장하는데 힘써야 한다.
기술 영토를 확장하려면 우리만이 갖고 있는 특별한 기술 즉 원천기술이 필요하다.
의료, 에너지, 농업, 교육 분야에서 방대한 원천기술을 확보할 수 있다. 이 분야에 대한 연구는 이미 상당 부분 진행되어 있다.

아름다운 국토 가꾸기를 통해 관광산업을 육성한다.

첨단 의료기술을 활용한 의료관광 및 의료기술 수출을 통해 의료산업을 육성한다.
의료산업의 육성을 위해서는 의료기술에 대한 지적소유권 인증 제도를 마련해야 한다.
특히 치료 매뉴얼에 대한 지적소유권이 인증되어야 한다.
미국에서는 치료 매뉴얼에 대한 특허 인증 제도가 있지만 우리나라에서는 그런 제도가 없다.
하루빨리 제도적 장치를 마련해야 한다.

기초과학 연구를 통해 새로운 원자 모델을 정립한다.
그것을 바탕으로 상온 핵융합에너지를 개발해서 에너지산업을 육성한다.
세계 유수의 정신문화와 정신사상을 교육할 수 있는 교육기관을 설립해서 차세대 리더를 양성한다.
이를 통해 교육산업을 육성한다.

미생물을 활용한 최첨단 농법의 보급으로 환원 농산물을 생산하고 그것을 재료로 해서 각종 신약을 개발한다.
이를 통해 제약 농업을 발전시킨다.
문화영토와 정신 영토의 확장 또한 지금보다 한 단계 더 발전시킨다.
우리 민족의 전통사상을 현대에 맞게 재해석하고 그 속에 깃든 정신문화를 세계에 보급하면서 문화 영토와 정신 영토를 확장시킨다.
이것이 속국의 한계에서 벗어나는 길이다.

4부

생명과 문명

새로운 원자모델 만들기

상온 핵 융합법

환원미생물 배양법

* 상온 핵융합 및 핵분열법

상온 핵융합을 일으키는 방법은 세 가지가 있다.
먼저 원자구조를 설명하고 나서 상온 핵융합을 일으키는 방법에 대해 설명해 보겠다.

〈원자 구조〉

* 새로운 원자 모델 만들기

원자핵의 내부는 초양자 공간으로 이루어져 있다.
이 공간은 양성자와 중성자를 이루고 있는 쿼크로 인해 전자기 공간과 분리되어 있다.
핵의 중심을 이루고 있는 초양자 공간은 특정한 고유진동수를 갖고 있다.
이 고유진동수는 물질의 종류마다 각기 다르다.
핵의 중심부를 이루고 있는 초양자 에너지의 고유진동수에 따라 핵결합의 정도가 달라진다.
강한 힘으로 결속되느냐 약한 힘으로 결속되느냐가 고유진동수의 세기에 따라 결정된다.

핵의 분열과 융합을 일으키는 원천이 바로 핵의 중심부를 이루고 있는 고유진동수의 상태이다.
생명공간에서는 850mV의 미세전류만으로도 핵융합이 일어난다.
식물은 400mV만으로도 핵융합을 일으킨다.
생명공간에서 핵융합이 쉽게 일어나는 것은 생명의 의식 정보로 인해서이다.
의식 정보의 변화로 인해 생명공간의 고유진동수가 높아지면 핵융합이 일어나고 낮아지면 핵분열이 일어난다.
인류에게 당면한 에너지 문제와 환경오염 문제를 해결할 수 있는 한 가지 방법이 상온 핵융합장치와 핵분열 장치이다.
상온에서 핵의 분열과 융합이 일어나면 방사능도 발생하지 않고 폐기물도 생겨나지 않는다.
원자핵 중심부 초양자 공간의 고유진동수를 조절하는 방법을 통해 상온 핵융합 장치와 핵분열 장치를 만들 수 있다.

원자는 크게 네 개의 층으로 이루어져 있다.

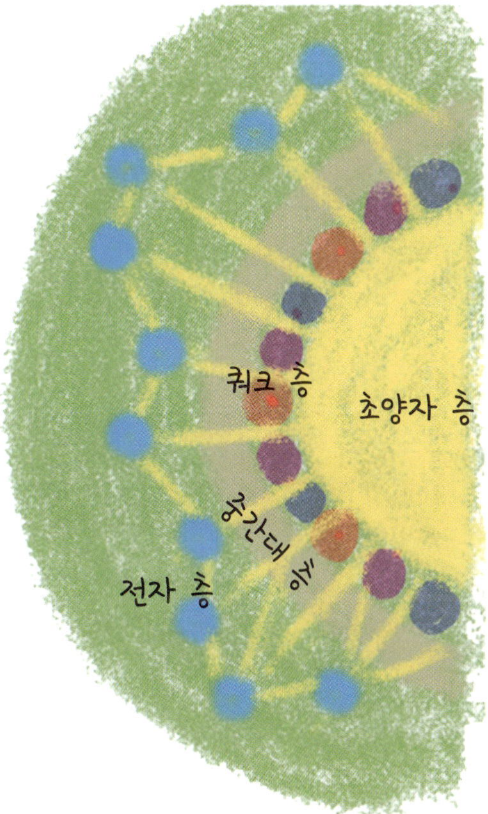

〈원자의 층〉

첫 번째 층이 핵의 내부 공간이다.
두 번째 층이 양성자와 중성자를 이루고 있는 쿼크 층이다.
세 번째 층이 중간대 층이다.
네 번째 층이 전자 층이다.
원자구조가 이런 형태를 띠게 된 것은 물질의 원인이 되었던 세 종류 에너지의 성향 때문이다.
음기와 초양자 에너지는 서로 친하지 않기 때문에 서로 분리되어 있다.
음기와 양기는 서로 친하기 때문에 서로 가까이 있다. 양기와 초양자 에너지는 서로 친하기 때문에 서로 가까이 있다.

양성자를 이루고 있는 두 개의 업쿼크는 양기적 성향이다.
다운쿼크 한 개는 초양자 성향이다.
중성자를 이루고 있는 다운쿼크 두 개는 초양자 성향이다.
업쿼크 한 개는 양기적 성향이다.
전자는 음기적 성향이다.

초양자 에너지와 친한 업쿼크는 초양자 공간에 붙어있다.
초양자성을 갖고 있는 다운쿼크는 핵의 중심부를 이루고 있는 초양자 에너지와 동질의 에너지 간에 작용하는 법칙에 의해 미는 힘의 관계를 유지하고 있다.

업쿼크와 다운쿼크의 결속으로 생겨난 양성자와 중성자는 중심부의 초양자 공간과의 관계에 의해 쿼크층을 형성한다.
양성자를 이루고 있는 업쿼크 두 개는 중심부의 초양자 공간과 상호 인력의 관계를 유지한다.

그에 반해 양성자를 이루고 있는 다운쿼크 한 개는 중심부의 초양자 공간과 상호 척력의 관계를 유지한다.
중성자를 이루는 다운쿼크 두 개는 중심부의 초양자 공간과 상호 척력의 작용을 유지한다.
중성자를 이루는 업쿼크 한 개는 중심부 초양자 공간과 상호 인력의 관계를 유지한다.
양성자가 핵 내부 공간으로 함몰되지 않는 것은 다운쿼크 한 개가 갖고 있는 척력 때문이다.
중성자가 핵 내부 공간으로 함몰되지 않는 것은 다운쿼크 두 개의 척력 때문이다.

양성자의 경우 같은 형질을 갖고 있는 업쿼크가 서로 결속되어 있는 것은 초양자 공간 사이에 작용하는 인력 때문이다.
하지만 업쿼크 두 개는 중간에 다운쿼크 한 개를 물고서 적정한 거리를 유지하고 있다.

중성자의 경우도 마찬가지이다.
다운쿼크 두 개가 붙어 있지만 업쿼크 한 개를 중간에 끼고 있다.
쿼크층을 이루고 있는 이러한 관계성은 양성자 붕괴와 중성자 붕괴가 일어나지 않는 원인이 된다.
또한 중성자 붕괴가 양성자 붕괴보다 나중에 일어나는 원인이 된다.
참고로 전자층이 정도 이상 수축돼서 중간대가 좁아지면 그때 양성자 붕괴가 일어난다.
이런 현상은 태양과 같은 항성에서 일어나는데 그 결과로 중성자별이 탄생한다.
중성자별의 중성자 붕괴는 중심부의 초양자 공간의 중력이 정도 이상 강해질 때 일어난다.
그 결과로 생겨나는 것이 블랙홀이다.
원자 공간을 이루고 있는 중간대층은 양성자와 전자 간에 작용하는 인력과 핵의 중심부에서 표출되는 초양자 에너지와 전자 간에 작용하는 척력으로 인해 생긴다.
중간대가 있음으로 전자와 양성자가 결합하지 못 한다.
전자 공간과 쿼크 공간 사이에 끼여 있는 형태로 존재하는 중간대 공간은 때론 넓어지기도 하고 좁아지기도 한다.
이렇게 되는 것은 두 가지 원인이 있다.
핵의 중심부에서 생성되는 초양자 에너지의 양이 줄어들게 되면 중간대가 좁아진다.
전자가 양성자 가까이 끌려오기 때문이다.
양성자와 중성자를 이루고 있는 쿼크 스핀의 속도가 빨라지면 중간대가 좁아진다.
이 상태에서는 핵의 중심부에서 표출되는 초양자 에너지의 양이 줄어들기 때문이다.
양성자와 중성자를 이루고 있는 업쿼크와 다운쿼크는 핵의 중심부 공간을 축으로 해서 공전과 자전을 하고 있다.
이때 업쿼크의 자전 방향은 왼쪽에서 오른쪽으로 작용한다.
다운쿼크는 오른쪽에서 왼쪽으로 작용한다.

쿼크의 자전운동은 자력을 생성하는 원인이 된다.
자력의 양극은 쿼크 스핀에 의해 변화된 초양자 에너지로 인해 생긴다.

핵의 중심부에서 표출되는 초양자 에너지는 쿼크 공간을 지나면서 업쿼크와 다운쿼크가 일으키는 자전운동에 영향을 받는다.
업쿼크와 초양자 에너지 간에 작용하는 인력으로 인해 초양자 에너지가 업쿼크의 스핀 속으로 빨려 들어가면서 변화되면 자력의 N극이 되고 다운쿼크와 초양자 에너지 간에 작용하는 척력으로 인해 튕겨지면서 변화된 초양자 에너지는 자력의 S극이 된다.

〈자력의 생성〉

초양자 에너지와 중성자를 이루고 있는 업쿼크와 다운쿼크의 관계에서도 같은 현상이 일어난다.
쿼크 스핀으로 인해 변화된 자력은 전자와 친하게 된다.
초양자 에너지가 쿼크 터널을 지날 때 쿼크 스핀이 일으키는 인력과 척력의 영향을 받지 않은 초양자 에너지는 초양자성이 보존된 채로 쿼크 공간을 벗어난다.
이런 초양자 에너지가 전자와 부딪히면 전자가 튕겨지면서 중간대가 만들어지고 전자진동이 일어난다.
전자진동으로 전기에너지가 생성된다.
업쿼크와 다운쿼크가 서로 반대 방향의 스핀으로 자전하고 공전운동이 함께 일어나기 때문에 초양자 에너지가 쿼크층을 뚫고 벗어나는 것이 지속적으로 일어나지 않는다.
시간차를 두고 끊김이 생긴다.
이 과정에서 초양자주파수가 발생한다.
초양자 주파수를 측정하면 쿼크의 공전 속도를 알 수 있다.
쿼크의 공전운동 속도가 빨라지면 초양자 표출 양이 적어진다.
이때에는 중간대가 좁아지고 전자와 양성자가 가까워진다.
반대로 쿼크 공전운동 속도가 느려지면 초양자 표출 양이 많아진다.
이때에는 중간대가 넓어지고 전자와 양성자가 멀어진다.
중간대가 넓어지면 전류 생성량이 많아지고 중간대가 좁아지면 전압이 높아진다.
쿼크의 공전, 자전운동과 초양자 에너지의 관계로 생겨나는 중간대는 시시각각으로 공간의 폭이 변화된다.

만약 쿼크의 공전 속도가 지나치게 빨라지면 초양자 에너지의 표출이 끊어진다.
이렇게 되면 전자와 양성자가 결합하면서 쌍소멸이 일어난다.
전자 공간과 양성자 공간이 붕괴되는 것이다.
이 경우에도 원자구조가 깨어지고 중성자로 이루어진 핵만 존재한다.

* 전자 공간 억제로 상온 핵융합을 일으키는 방법

원자를 이루고 있는 전자 공간은 핵과 비교해서 방대한 면적을 차지한다.
전자 공간은 전자의 진동폭에 따라 좁아지기도 하고 넓어지기도 한다.
그 원인이 핵의 중심부에서 표출되는 초양자 에너지의 양이다.

전자 공간을 이루고 있는 전자는 양성자 간에 작용하는 인력으로 인해 전자 공간을 벗어나지 않는다.
하지만 초양자 에너지의 방출이 지나치게 길어지면 전자 공간을 벗어나서 자유전자가 된다.
전자에 작용하는 초양자파장이 변화되지 않는 상태에서 전자 공간을 억제시키면 초양자 에너지와 전자 간에 작용하는 척력이 원자핵 쪽으로 작용하게 된다.
이렇게 되면 원자 공간 내에 변화가 일어난다.
중간대가 좁아지고 쿼크 스핀에도 변화가 생긴다.

핵의 중심부에서 생성되는 초양자 에너지도 변화를 일으킨다. 중간대가 좁아지면 전자와 양성자 간에 작용하는 인력이 증가하고 전압이 높아진다.
이렇게 되면 양성자를 이루고 있는 쿼크의 자전 스핀과 공전 스핀이 빨라진다.

핵의 중심부에서는 초양자 에너지 간에 부딪침이 생긴다.
그렇게 되면 핵의 중심부에서 미는 힘과 당기는 힘이 생겨난다.
미는 힘은 다운쿼크와 전자를 생성하고 당기는 힘은 업쿼크를 생성한다.
원자핵 중심부에서 쿼크와 전자가 만들어지는 것이다.
이렇게 만들어진 쿼크와 전자는 원자의 형질을 바꿔놓는 원인이 된다.
이 과정에서 핵의 중심부 공간에 고유진동수가 높아지고 핵의 융합이 촉발된다.
전자기 공간을 억제했을 때 상온 핵융합이 일어나는 원리이다.

* 쿼크 스핀에 변화를 주는 방법

쿼크 스핀에 변화를 주기 위해서 자력을 활용한다.
앞서 말씀드렸듯이 업쿼크와 다운쿼크의 자전력으로 인해 자력이 생긴다 했다.
자력이 쿼크 스핀으로 생기기 때문에 자력을 역으로 활용하면

쿼크 스핀을 조절할 수 있다.
업쿼크에 S 극을 대치시키면 업쿼크의 스핀 속도를 늦출 수 있다.
반대로 N극을 대치시키면 스핀 속도를 빨라지게 할 수 있다.
다운쿼크에 N극을 대치시키면 다운쿼크의 스핀 속도를 느려지게 할 수 있다.
반대로 S극을 대치시키면 스핀 속도를 빨라지게 할 수 있다.

자력으로 인해 영향을 받는 쿼크 스핀은 공전 스핀과 자전 스핀이 함께 적용된다.

쿼크의 공전 속도가 느려지면 초양자 방출량이 많아지고 그 결과로 중간대가 넓어진다.
또 전자진동의 폭이 커지고 전자 공간이 넓어진다.
자유전자의 방출도 더 많이 생겨난다.
중간대가 넓어지면 전압은 낮아지고 전자진동의 폭이 커지면 전류값이 높아진다.
자유전자의 방출이 정도 이상 많아지면 원자 형질이 변화된다.

쿼크 스핀의 속도가 빨라지면 초양자 표출 양이 줄어든다.
그렇게 되면 중간대가 좁아지고 전자진동의 폭이 좁아지면서 전자 공간이 억제된다.
이 이후 과정부터는 전자기 공간 억제 방법을 활용했을 때와 같은 변화가 핵의 중심부에서 일어난다.
마찬가지로 상온 핵융합이 일어난다.

* 핵의 중심부에 고유진동수를 조절해서 상온 핵융합을 일으키는 방법

핵의 중심부를 이루고 있는 초양자 공간은 특정한 고유진동수를 갖고 있다.
이는 원자의 형질을 결정하는 가장 중요한 요소이다.
하지만 현대 과학은 이 관점으로 원자의 고유성을 규정하지 못한다.
물질마다 원자의 중심부 공간이 갖고 있는 고유진동수가 서로 다르다.
그것을 측정해서 표준화하고 원자의 고유성을 구분하는 척도로 써야 한다.

이 작업이 이루어지려면 초양자 에너지를 측정할 수 있는 기구가 만들어져야 한다.
적외선 측정기를 개조하면 초양자 측정기를 만들 수 있다.
초양자 측정기로 원자를 측정하면 원자의 중심공간에서 표출되는 초양자 파장이 관찰된다.
이때 측정되는 파장이 쿼크의 공전 속도를 가늠할 수 있는 근거가 된다.

원자 중심부의 초양자 공간이 갖고 있는 고유진동수는 내재된 정보 값에 의해 정해진다.
때문에 고유진동수에 변화를 줄려면 정보 값을 조절해 주어야 한다.

핵의 융합을 촉발시키기 위해서는 정보 값을 높여 주어야 한다.
반대로 핵의 분열을 일으키기 위해서는 정보값을 낮춰 주어야 한다.
중심부 초양자 공간의 고유진동수에 변화가 일어나면 초양자 파장의 길이에 변화가 일어난다.
고유진동수가 낮아지면 파장이 길어진다. 반대로 높아지면 짧아진다.

정보 값에 변화를 주기 위해 쓰여지는 방법이 채집과 전사이다.
고유진동수를 낮출 때는 생명의 근본 정보를 채집해서 전사한다.
고유진동수를 높일 때는 빛의 파장이나 음파를 활용한다.

* 원자구조에 대한 질문과 답변

질문1 : 전자와 쿼크를 12연기 과정과 용어로 설명해 주십시오. 전자와 쿼크는 무엇이고 어떻게 만들어집니까?

답변1) 12연기 과정에서 전자와 쿼크가 생겨나는 것은 세 단계를 거쳐서 이루어진다.
첫째가 세 종류의 에너지 공간에 정보가 내장되는 단계이다.
둘째가 원초 물질 입자의 생성 단계이다.
셋째가 공간의 고유진동수에 물질 입자가 적응하는 단계이다.

음기와 양기 초양자 에너지로 이루어진 에너지 공간에 정보가 유입된 상태에서 극대 상황을 통한 에너지 간의 부딪힘으로 세 종류의 원초 물질 입자가 생겨난다.
이렇게 생겨난 세 종류의 원초 물질 입자가 공간이 갖고 있는 고유진동수에 적응하면서 분열하고 융합하는데 그 과정에서 전자와 업쿼크, 다운쿼크가 생겨난다.
극대 상황 이전에 세 종류의 에너지 공간 안으로 정보가 유입되는 과정과 에너지 응집으로 물질의 원형이 생겨나는 과정은 다음과 같다.
전자의 원형이 되는 원초 물질 입자는 초양자 에너지와 미는 힘으로 생겨난 음 에너지 공간에 정보가 유입되면서 생겨났다.
음 에너지 공간에 의지의 부정성으로 유입된 정보가 내장되면 음 에너지 응집이 일어나면서 전자의 원형이 생겨난다.

업쿼크의 원형 입자는 초양자 에너지 간에 당기는 힘으로 생겨난 양 에너지 공간에 정보가 유입되면서 생겨났다.
양 에너지 공간에 의지의 긍정성으로 유입된 정보가 내장되면 양 에너지 응집이 일어나면서 업쿼크의 원형이 생긴다.

다운쿼크의 원형 입자는 초양자 에너지 공간에 정보가 유입되면서 생겨났다.
초양자 에너지 공간에 의지의 분별성이 없이 정보가 내장되면 초양자 에너지 응집이 일어나면서 다운쿼크의 원형이 생긴다.

질문2 : 전자와 쿼크의 스핀은 왜 생기는가?

답변2) 자전 스핀이 처음 시작된 것은 에너지 공간에서 정보의 응집이 일어날 때 나선 형태로 에너지의 흐름이 생기기 때문이다.
에너지의 나선 응집으로 생겨난 입자는 응집 당시의 회전력을 유지하면서 자전 스핀이 생겨난다.
그러다가 생명의 틀 안에서 진동을 하면서 회전 방향과 속도에 변화가 생긴다.
나중 성, 주, 괴, 공의 단계에서 공전 스핀이 생기고 속도도 빨라진다.

질문3 : 원자구조에서 업쿼크와 다운쿼크가 서로 조합돼서 양성자와 중성자가 형성되는 과정에 대한 설명을 해주십시오.

답변3) 업쿼크와 다운쿼크의 뿌리는 양 에너지와 초양자 에너지이다.
양 에너지와 초양자 에너지는 서로 당기는 성향을 갖고 있다.
때문에 업쿼크와 다운쿼크도 서로 당기는 성향을 갖고 있다.
그에 반해 다운쿼크와 초양자 에너지는 같은 초양자성을 갖고 있다.
그래서 다운쿼크는 초양자 에너지와 서로 미는 힘으로 작용한다.

쿼크가 초양자 공간으로 향해지는 것은 초양자 공간이 갖고 있는 안정성 때문이다.
초양자 공간으로 향해지는 업쿼크와 다운쿼크는 서로 결합된 상태를 유지하고 있다.
이는 서로 간에 작용하는 인력적 관계와 바탕 공간이 갖고 있는 고유진동수에 적응하면서 갖추어진 구조이다.
중성자와 양성자는 업쿼크와 다운쿼크의 결속이 몇 개씩 이루어졌느냐에 따라 생겨난다.
양성자는 업쿼크 두 개가 갖고 있는 당기는 성향 때문에 초양자 공간으로 밀착된다.
하지만 다운쿼크 한 개가 갖고 있는 미는 성향 때문에 초양자 공간에 함몰되지 않는다.
중성자는 업쿼크 한 개의 당기는 성향 때문에 초양자 공간에 밀착된다.
하지만 다운쿼크 두 개의 미는 성향 때문에 초양자 공간으로 함몰되지 않는다.
중성자와 양성자가 결속되어 있는 것은 업쿼크와 다운쿼크 간에 작용하는 인력 때문이다.

질문4 : 양성자와 중성자가 서로 자전과 공전을 하면서 초양자 에너지 공간을 둘러싸는 구조가 만들어지는 과정을 설명해 주십시오.

답변4) 물질과 에너지는 두 가지 조건에서 이동이 일어난다.
첫째가 고유진동수이다.
둘째가 공간이 내재하고 있는 에너지의 양이다.
물질 입자와 에너지는 안정된 공간으로 향해지는 관성이 있다.

특정 공간에 고유진동수가 형성이 되면 높은 고유진동수의 공간에서 낮은 고유진동수의 공간으로 에너지와 물질이 이동한다.
공간이 내재하고 있는 에너지균형이 깨어지면 에너지가 높은 쪽에서 에너지가 낮은 쪽으로 에너지 이동이 일어난다.
이때 물질 입자의 이동도 함께 일어난다. 쿼크와 전자도 같은 원인으로 이동한다.
공간의 고유진동수는 초양자 공간이 가장 낮고 그다음이 양자 공간이다. 전자기 공간이 가장 높다.
때문에 양자 공간과 전자 공간은 초양자 공간을 향해서 흘러가게 된다.
공간의 흐름이 생겨나면 세 종류 입자 간에 미는 힘과 당기는 힘이 공고해지고 업쿼크와 다운쿼크의 결합이 일어난다.
전자 또한 업쿼크와 결합하면서 서로 쌍소멸이 일어나고 같은 전자끼리는 미는 힘을 작용시키면서 전자 공간을 유지한다.

업쿼크와 전자가 전체적으로 쌍소멸을 일으키지 않는 것은 다운쿼크와 전자 간에 작용하는 척력 때문이다.
이미 양성자나 중성자의 틀을 유지한 쿼크들은 다운쿼크가 갖고 있는 전자에 대한 척력 때문에 소멸되지 않고 무사하게 초양자 공간으로 진입하게 된다.
초양자 공간에서는 업쿼크와 다운쿼크가 갖고 있는 초양자 에너지 간의 관계성 때문에 적정한 거리를 유지한다.
즉 다운쿼크와 초양자 에너지 간에 작용하는 척력으로 인해 완전하게 빨려 들어가지 않고 업쿼크와 초양자 에너지 간에 작용하는 인력으로 인해 밖으로 튕겨나가지 않는다.

업쿼크와 다운쿼크의 이와 같은 성향은 강한 핵력과 약한 핵력을 유발하는 원인이 된다.
업쿼크 두 개와 다운쿼크 한 개가 초양자 에너지와 작용하는 인력은 강한 핵력의 원인이고 다운쿼크 두 개와 업쿼크 한 개가 초양자 에너지와 작용하는 척력은 약한 핵력의 원인이다.
만약 양성자가 초양자 공간으로 함몰되면 입자성을 잃어버리고 에너지화 된다.

질문5 : 원자의 4개 층이 현재와 같은 구조로 형성되고 유지되는 과정을 12연기와 연관해서 설명해 주십시오.

답변5) 업쿼크에 끌려가는 전자는 다운쿼크에 밀려서 적정거리를 유지하고 쿼크 사이로 표출되는 초양자 에너지에 튕겨져서 진동한다.
전자진동이 일어날 때 진동의 범위가 정해진다.
그것을 결정하는 두 가지 원인이 있다.
첫째는 양성자와 전자 간에 작용하는 인력이다.
둘째는 전자와 자기 간에 작용하는 인력이다.
자력은 업쿼크와 다운쿼크가 일으키는 스핀 터널을 초양자 에너지가 통과하면서 생겨난다.
이렇게 생겨난 자력은 전자와 강한 인력 관계를 형성한다.
자력은 전자 공간을 유지시키는 원인 중 하나지만 그 범위 안에서는 전자의 활동을 억제시킨다.

중간대가 생겨나는 것도 두 가지 원인이 있다.
첫째는 전자와 쿼크 간에 작용하는 인력과 척력이다.
둘째는 전자와 초양자 에너지 간에 작용하는 척력이다.
쿼크 공간과 중심부 초양자 공간이 생기는 과정에 대해서는 앞서 설명했다.

질문6 : 전자가 초양자 에너지의 미는 힘으로 생겼다면 전기란 무엇인가?

답변6) 전기는 전자기 공간에서 일어나는 변화와 전자 활동으로 생겨난다.
전자기 공간의 변화는 고유진동수와 주파수로 인해 생긴다.
고유진동수는 공간에 내재되어 있는 정보의 조합으로 형성된다.
생명공간에서는 생명의 의식 상태로 인해 고유진동수가 형성된다.
주파수는 공간에 내재된 개별 정보에서 발생한다. 개별 정보가 발생시키는 파동이 주파수이다.
그 두 가지 요소가 전자기 공간에 변화를 촉발시키면 물질 입자의 분열과 결합이 일어나면서 전기가 발생한다.

전자 활동으로 전기가 발생하는 것은 전압과 전류 때문이다.
전압과 전류는 전자기 공간의 결속 밀도와 전자의 진동으로 생겨난다.
전압은 업쿼크와 전자 간에 작용하는 인력으로 생긴다.
업쿼크와 전자가 서로 당겨질 때 생겨나는 결합력이 공간밀도에 영향을 미쳐서 전압이 생겨난다.

이때 영향을 받는 것이 중간대와 쿼크 공간 핵 내부 공간이다.
전자진동으로 생기는 전류는 두 가지 성향을 갖고 있다.
하나는 직류적 성향이다.
또 하나는 교류적 성향이다.
직류적 성향은 전자의 이동으로 생겨난다.
교류적 성향은 전자스핀이 자기장에 영향을 미치면서 생겨난다.
직류적 성향은 전자가 초양자 에너지에게 튕겨지면서 생겨난다.
초양자 에너지에게 튕겨진 전자는 양성자의 인력이 작용할 때까지 전자기 공간 속을 이동한다.
이때 이동하는 전자가 갖고 있는 운동에너지가 전자기 공간에 변화를 일으켜서 직류가 발생한다.

전자가 초양자 에너지로 튕겨질 때는 초양자 에너지와 자력이 함께 작용한다.
초양자 에너지가 쿼크 터널을 지날 때 자력이 함께 생성되기 때문이다.
초양자 에너지는 전자를 튕겨내고 자력은 전자를 끌어당긴다.
이때 자력에 끌린 전자는 속도가 줄어들고 스핀은 살아있다.
이 상태에서 전자가 갖고 있는 스핀이 전자기장을 흔들어 놓는다.
전자기장이 진동하면서 장안에 속해 있던 또 다른 전자들이 함께 진동한다.
이 과정에서 생겨나는 것은 교류전류이다.

질문7 : 현대물리학과 전자기학에서 전기와 자기가 항상 맞물려서 나타나는데 자기는 초양자 에너지와 어떤 관계가 있는가?

답변7) 자기는 초양자 에너지가 쿼크 터널을 지나면서 쿼크 스핀에 의해 변화 됨으로써 생겨난다.
이렇게 만들어진 자력은 자기장을 형성하면서 전자장과 중첩된다.
자력은 전자와는 인력을 작용시키고 초양자와는 척력을 작용시킨다.

초양자와 자력 간에 작용하는 척력은 초양자 에너지를 전자기 공간 안에 억제 시킨다.

이런 현상은 공간의 수명을 결정하는 원인이 된다.
전자기 공간에서 표출되는 초양자 에너지를 관찰할 수 있으면 그것을 근거로 공간 수명을 알 수 있다.
이 방법은 곡물 검사법으로 쓰이고 있다.
수입되는 곡물에서 표출되는 초양자 에너지를 측정해서 곡물의 상태를 검사하는 방법으로 사용되고 있다.
너무 많이 표출되어도 공간 상태가 안 좋은 것이고 너무 적게 표출되어도 공간 상태가 안 좋은 것이다.
초양자 에너지가 전자기 공간에 완전하게 갇혀버리면 원자 공간의 균형이 깨어진다.
그 상태가 정도 이상 지속되면 핵이 붕괴된다.
전자기 공간을 뚫고 벗어난 초양자 에너지는 외부 초양자 에너지와 접촉하면서 순환을 이룬다.
이런 상태가 적당하게 이루어지면 공간 수명이 늘어난다.

질문8 : 양성자 붕괴란 무엇입니까?

답변8) 양성자 붕괴란 양성자를 이루고 있는 업쿼크가 핵의 중심부 공간으로 함몰되는 현상이다.
이렇게 되면 업쿼크가 양 에너지로 변화된다.
양성자붕괴는 다운쿼크의 소실로 촉발된다.

다운쿼크가 소실되는 세 가지 원인이 있다.

첫째가 자력의 S극이 정도 이상 강하게 작용하는 것이다.
자기장의 균형이 깨어지고 전자기 공간이 수축되면서 다운쿼크가 소실된다.

둘째가 핵의 중심부 공간의 고유진동수가 급격한 변화를 일으키는 것이다.
고유진동수가 낮아지면 중력이 높아지면서 다운쿼크가 소실된다.
셋째가 전자와 업쿼크 간에 작용하는 인력이 정도 이상 높아졌을 때이다.
업쿼크와 전자가 부딛히면서 쌍소멸이 일어나면 다운쿼크가 쿼크 공간에서 튕겨져 나가면서 소실된다.
양성자가 붕괴된 원자는 중성자만 존재하게 된다.

질문9 : 중성자 붕괴란 무엇입니까?

답변9) 중성자를 이루고 있는 다운쿼크 두 개가 핵의 중심부 공간으로 함몰되는 것이 중성자 붕괴이다.
중성자 붕괴는 업쿼크의 소실로 일어난다.
업쿼크가 소실되면 업쿼크와 초양자 공간 간에 작용하던 인력이 사라져서 다운쿼크가 쿼크 궤도를 벗어나게 된다.
이 상태에서 핵의 중심부 공간에 고유진동수가 낮은 상태면 중력이 높아지면서 중성자 붕괴가 일어난다.

업쿼크의 소실 또한 두 가지 원인이 작용한다.
첫째가 자력의 N극이 정도 이상 강해졌을 때이다.
둘째가 핵의 중심부 공간으로 작용하는 중력이 정도 이상 높아졌을 때이다.

자연 상태에서 일어나는 중성자 붕괴는 양성자 붕괴가 일어난 이후에 단계적으로 진행된다.
때문에 전자와 다운쿼크 간에 작용하는 척력은 중성자 붕괴에 영향을 주지 않는다.
양성자 붕괴가 일어날 때 대부분의 전자는 쌍소멸되었기 때문이다.

만약 인위적으로 중성자 붕괴를 일으킨다면 전자와 다운쿼크 간에 작용하는 척력을 강화시켜서 중성자 붕괴를 유도할 수 있다.

질문10 : 중성자별에 대해 설명해 주십시오.

답변10) 양성자 붕괴가 일어나서 양성자와 전자가 쌍소멸을 이루고 중성자와 핵으로만 이루어진 공간이 별로 존재하는 것이다.
중성자별은 어마어마한 중력을 갖고 있다.
중성자별의 중력이 정도 이상 강해지면 중성자 붕괴가 일어나고 블랙홀이 생겨난다.

질문11 : '전자진동으로 전기에너지가 생성된다 ' 전자진동으로 어떻게 전기에너지가 생성되는가?

답변11) 전자진동이 일어나는 공간은 전자기 공간이다.
전자기 공간은 전자장과 자기장이 중첩되어 있다.
전자장은 전자와 전자 간에 작용하는 척력으로 형성된다.

자기장은 자력의 양극 간에 작용하는 인력으로 형성된다.
전자장과 자기장은 서로 인력적 관계를 유지한다.
자력은 전자 간에 작용하는 척력의 틈새에서 전자 간에 거리가 멀어지지 않도록 하는 역할을 한다.
전자는 양성자와의 인력적 관계로서 핵 간 거리를 유지시키고 자력의 인력으로서 전자 간에 적정거리를 유지한다.
그런 상태에서 초양자 에너지에게 튕겨진 전자가 이동하면서 전자기장을 흔들어 놓으면 공간 상태에 변화가 생긴다.
이때 생겨나는 공간 상태의 변화는 바탕 매질의 흐름이다.
바탕 매질의 흐름은 에너지값이 높은 곳에서 낮은 곳으로 형성된다.
이 관계에서 전기의 극성이 생겨난다.
에너지값이 높은 곳은 음극이 되고 에너지값이 낮은 곳은 양극이 된다.
전자가 진동하면서 갖고 있는 운동에너지가 바탕 매질을 흔들어 놓으면 전자와 가까운 쪽은 에너지값이 높은 상태가 되고 먼 쪽은 에너지값이 낮은 상태가 된다.
이 과정에서 전기가 생겨난다.

질문12 : 전자는 초양자 에너지가 입자 형태로 양자화된 것이고 또한 파동성의 성질을 가지면서 공간에 확률적으로 분포한다고 하는데 전자진동은 어떤 것인가요?
전자라는 알갱이가 흔들린다고 생각하면 되는 것인가요?
입자라면 요동의 에너지도 있지만 전자의 평균속도가 가지고 있는 운동에너지도 큰 값을 가지는데 전기에너지에는 기여하지 않는 것인가요?

답변12) 전자진동은 두 가지 성향의 운동성을 내포하고 있다.
하나는 입자의 이동이다.
또 하나는 자전 스핀이다.
전자가 진동하면서 일으키는 두 가지 운동성은 직류와 교류가 만들어지는 원인이 된다.
입자의 이동으로 촉발되는 전자기 공간의 변화는 직류가 생겨나는 원인이 된다.
입자의 스핀으로 촉발되는 전자기 공간의 변화는 교류가 생겨나는 원인이 된다.

질문13 : 전자 공간을 억제시키는 방법은?

답변13) 전자기 공간을 억제시키는 방법은 세 가지가 있다.
첫째가 바탕 매질의 상태에 변화를 주는 것이다.
촉매가 쓰인다.
둘째는 전자 간에 작용하는 척력을 줄여 주는 것이다.
자력이 활용된다.
셋째는 양성자와 중성자의 공전 속도를 빨라지게 하는 것이다.
자력이 활용된다.

질문14 : 건전지의 전압과 동일한 개념인가?

답변14) 건전지의 전압과 같은 개념이다.
건전지의 전압은 음극과 양극의 관계에서 생겨난다.
전압이 생겨나는 음극과 양극의 관계는 두 가지 조건이 전제

된다.

첫 번째 조건은 간극의 거리이다.
간극이 가까우면 전압이 올라간다.
반대로 간극이 멀어지면 전압이 내려간다.
전류의 경우는 반대이다.
간극이 가까우면 전류가 약해진다.
간극이 멀면 전류가 강해진다.
간극의 거리에 따라 전압과 전류가 달라지지만 생성되는 전기의 총량은 동일하다.

두 번째 조건은 음극과 양극을 형성하는 물질의 질량이다.
음극의 질량이 적고 양극의 질량이 많으면 전압이 높아진다.
반대가 되면 전류가 높아진다.

질문15 : 중간대가 좁아지면 왜 전압이 올라가는가?

답변15) 양성자와 전자 간에 작용하는 결합력이 커지면서 공간밀도가 높아지기 때문이다.

질문16 : 전압이 높아지면 양성자를 이루고 있는 쿼크 스핀이 왜 빨라지는가?

답변16) 전자의 결합력과 중간대 공간에서 가해지는 압력 때문이다.

질문17 : 초양자 에너지는 모든 것이 시작된 출발점인데 어떻게 적외선 측정기로 초양자 에너지를 측정할 수 있는가?

답변17) 생명 공간과 물질 공간이 발산해내는 적외선은 열기를 수반한다.
공간의 열기는 물질 입자의 결합이나 분열로 생겨나기도 하고 에너지 간의 부딪침으로 생성되기도 한다.
쿼크 공간과 전자기 공간을 통과해 온 초양자 에너지는 전자기 공간을 이루고 있는 바탕 매질과 마찰되면서 열기를 내포한다.
이런 연유로 인해 적외선 파장과 초양자파장은 중첩되어 있다.

질문18 : 원자에 초양자측정기를 가까이 가져가면 원자가 영향을 받을 것인데 원자의 중심에서 표출되는 초양자파장을 관찰하는 장치를 만들 수 있을까?

답변18) 적외선 측정기는 열기를 측정하는 기구이지만 원자구조에 변화를 일으킬 수 있는 상극성이 없다.
즉 원자가 갖고 있는 고유진동수에 영향을 주거나 쿼크 스핀에 영향을 주지 않는다는 말이다.
그러면서도 열기에 반응하기 때문에 오히려 정확하게 초양자 반응점을 관찰하게 해준다.

질문19 : 고유진동수를 높일 때 빛의 파장과 음파를 사용하는 방법에 대해 설명해 주십시오.

답변19) 원자핵 중심부에 고유진동수를 조절하는 것은 채집과 전사법이 쓰인다.
채집과 전사는 양자 공간에서 이루어진다.
본성 정보를 채집해서 핵의 중심부에 전사하면 초양자 공간의 고유진동수가 낮아진다.
반대로 높은 고유진동수를 갖고 있는 정보를 채집해서 핵의 중심부에 전사하면 초양자 공간의 고유진동수가 높아진다.
빛과 음파는 채집된 정보를 전사할 때 쓰인다.

질문20 : 먼저 생성된 초양자 에너지와 나중 생성된 초양자 에너지가 동질의 에너지로써 미는 힘이 생겨난 것은 이해가 되는데 당기는 힘은 어떻게 생겨났는가?
즉 음기가 생기는 과정은 이해가 되는데 양기가 생기는 과정이 이해되지 않습니다.

답변20) 양기가 생겨나는 원인은 두 가지가 있다.
첫째는 동질의 에너지가 작용점의 거리에 따라 변화되는 형질이다.
이것을 자연발생이라 한다.
둘째는 의식의 긍정성 때문이다.
이것을 인연 발생이라 한다.
처음 양기가 생겨날 때는 자연 발생을 통해서였다.
첫 번째 원인에 대한 설명이 밑의 그림이다.

〈밝은성품, 음기, 양기의 관계〉

그림에서 녹색의 공간은 밝은 성품, 즉 초양자 에너지이다.
파란색 공간은 음기이다.
주황색 공간과 노란색 공간이 양기이다.
생명의 본성에서 생성되는 초양자 에너지는 각성의 전환성에 따라 소비되기도 하고 남아돌기도 한다.
소비될 때는 '무'의 상태를 유지하면서 변화가 없지만 남아돌 때는 먼저 생성된 에너지와 나중에 생성된 에너지가 서로 부딪침의 대상이 된다.

동질의 에너지가 부딪칠 때는 먼저 미는 힘이 생겨난다.
그러다가 거리가 가까워질수록 당기는 힘이 생겨난다. 동질의 에너지가 부딪쳐서 이와 같은 변화가 일어나려면 두 가지 조건이 갖춰져야 한다.
첫 번째 조건은 먼저 생성된 에너지와 나중 생성된 에너지 간에 충분한 거리가 확보되어 있어야 하는 것이다.
두 번째 조건은 부딪침의 과정이 천천히 일어나야 하는 것이다.
처음 생멸문이 생겨날 때는 두 가지 조건이 갖추어진 상태였다.
위의 내용을 정리해서 보면 양기는 음기의 미는 힘에 의해서 변화된 초양자 에너지와 먼저 생성된 초양자 에너지 간의 작용으로 생성된 것이다.

〈양기의 생성〉

질문22 : 전자와 쿼크의 자전 스핀과 공전 스핀에 대한 추가 설명

답변22) 자전 스핀이 생겨나는 네 가지 원인이 있다.
첫째는 에너지 공간에 정보가 응집된 형태이다.
나선 스핀으로 응집하면서 자전 스핀이 생겨난다.
6자 형태의 응집이 이루어진다.
둘째는 입자 간에 작용하는 인력과 척력이다.
밀고 당기는 힘으로 스핀이 생겨나고 증폭된다.
셋 째는 물질 입자의 분열과 융합이다.
고유진동수에 적응하면서 일어나는 현상이다.
넷 째는 입자 간의 부딪침이다.
같은 형질을 갖고 있는 입자가 가까워지면 척력이 강해지면서 자전 스핀이 일어난다.
에너지와의 부딪침이나 광자와의 부딪침으로도 자전 스핀이 커진다.
다섯 째는 서로 다른 공간 간의 부딪침이다.
이 과정이 '성'과 '괴'에서 일어난다.
서로 다른 혼의 공간이 접촉되면서 일어나는 변화이다.
한 개의 혼은 독립된 장을 형성하고 있다.
장의 독립은 생명이 생성해 내는 초양자 에너지가 미치는 범위를 기반으로 이루어진다.
즉 초양자 에너지가 미치는 범위 안에서 개체성을 유지할 수 있는 공간적, 정보적 환경이 갖추어진다는 말이다.
이 상태에서의 공간적 환경이 물질 입자와 초양자 에너지의 관계이다.
미세 물질 입자들은 생명의 고유진동수에 적응하면서 생명장 안에서 초양자 에너지와 결속을 이루고 생명장의 틀을 유지하는 기능을 한다.
이때의 형태가 큰 공전이다.
생명의 중심부를 축으로 해서 테두리 쪽에 입자들이 공전하면서 생명장을 형성하는 것이다.
이런 형태의 생명장 두 개가 접촉되면 장과 장이 부딪치면서 저항이 생겨난다.
그 과정에서 작은 공전과 자전 스핀이 빨라진다.

* 환원 미생물 배양법

<광주 송광일 박사 농장>

지난해 가을에 열렸던 사과가 겨울을 지나서 봄에 꽃이 필 때까지 싱싱하게 달려 있다.
환원 농법으로 재배한 사과이다.

환원 미생물이란 환원 전자를 내포하고 있는 미생물이다.
환원 전자란 이화와 동화의 과정을 거치지 않고 세포 구조물에 직접적으로 흡수될 수 있는 전자이다.
미토콘드리아를 통해 세포 대사를 하는 모든 생명들은 환원 전자가 반드시 필요하다.
환원 전자는 세포막을 복원시키고 활성산소를 제거해 주며 중합 효소의 기능을 극대화한다.

또한 유전자 변형을 복구시키는 효과도 있다.
환원 전자는 몸 안의 독소를 해독해서 필요 물질로 전환시켜 주고 면역증진 단백질합성, 스트레스 호르몬 분비 차단 등 다양한 기능과 효과가 있다.
환원 전자를 대량으로 내포하고 있는 환원 미생물은 몸을 치료해 주는 최고의 명약이다.
자연상태에서도 환원 미생물이 존재한다.
하지만 자연에서 살아가는 환원 미생물은 전자 환원력이 작다.

환원 미생물 배양법을 통해 자연상태보다 월등하게 향상된 전자 환원력을 갖고 있는 미생물을 배양한다.
자연상태의 환원 미생물은 최대 50mV의 전압을 생성한다.
그에 비해 배양된 환원 미생물은 370 mV ~ 950 mV를 생성한다.
환원 미생물은 제약, 화장품, 기능성 식품, 가축 사료, 오폐수 정화, 천연세제, 비료, 각종 식재료 등등에 다양한 제품으로 개발할 수 있다.
특히 음료 형태로 가공해서 먹는 전자약으로 만들 수 있다.

- 자연상태의 환원 미생물을 채취한다.

자연상태에서는 두 종류의 환원 미생물이 존재한다.
하나는 중합성 미생물이다.
또 하나는 분해성 미생물이다.
중합성 미생물은 식물의 뿌리부에서 식물과 공생한다.
분해성 미생물은 식물의 줄기와 잎 부위에서 식물과 공생한다.

중합성 미생물과 분해성 미생물을 따로따로 배양하기 위해서 재료의 재취를 분리해서 진행한다.
여러 종류의 식물을 채취해서 섞어서 쓰면 좋다. 다만 뿌리와 줄기를 함께 채취한 다음 반드시 분리해서 배양해야 한다.

- 배양 용기를 준비한다. 용기는 옹기 항아리가 제일 좋다.

약 100L 크기의 옹기 항아리 두 개를 준비한다.
배양 용기를 옹기로 쓰는 것은 통기성 때문이다.

- 생체 전기 발생 장치

옹기 바닥에 1cm 크기의 구리 조각과 아연 조각을 여러 개 깔아 놓는다.
이때 구리 조각과 아연 조각이 1cm 이상 떨어지도록 배치해야 한다.
구리와 아연에서 약 1V의 전기가 생성된다.
미생물의 환원 전기를 높여주는 방법이다.

- 재료의 채취. 한 개의 항아리에 채취한 줄기와 잎을 절반 높이만큼 채운다.

나머지 한 개의 항아리에 뿌리를 절반 높이만큼 채운다.
이때 재료의 크기는 뿌리의 경우 약 10cm 줄기의 경우 약 5cm 잎은 생잎을 약간 찧어서 넣는다.

- 먹이 준비

1. 멥쌀 10kg으로 고두밥을 짓는다.
고두밥을 5kg씩 나누어서 식힌 다음 광목 자루에 나누어 담는다.
바닥이 넓은 대야를 준비하고 그 대야 안에 고두밥 자루를 넓게 편다.
그런 다음 고두밥을 잘근잘근 밟아준다.
고두밥에서 진물이 충분하게 배어 나올 만큼 밟은 후에 진물과 고두밥을 항아리에 넣는다.

2. 찹쌀 2 kg을 준비한다.
가마솥에 넣고 은은한 불로 노릇노릇해 질 때까지 볶는다.
볶은 찹쌀을 분말로 만든다.
분말의 굵기는 100mesh에서 300mesh 사이로 한다.
가마솥에 물 100L를 넣고 끓인다.
이때 솥뚜껑을 닫으면 안 된다.
물이 펄펄 끓었을 때 불을 끈 다음 약 95℃ 정도로 온도가 떨어졌을 때 볶아서 분쇄한 찹쌀가루를 넣는다.
물이 식기를 기다린다.
가라앉은 찹쌀가루는 버리고 맑은 물만 거두어서 약한 불로 50L까지 조린다.
조린 물을 식힌 다음 배양 항아리에 붓는다.
이 과정을 한 번 더 반복해서 양쪽 항아리를 채운다.
항아리 입구를 창호지로 발라서 촘촘하게 밀봉한다.
설탕을 쓰지 않고 미생물 먹이를 주는 방법이다.

- 발효 공정

배양실에 항아리를 넣고 발효시킨다.
배양실은 햇빛이 차단되어야 한다.
이때 배양실 온도는 18℃로 한다.
14일 뒤에 항아리를 개봉한 뒤 액체를 제외한 건더기들을 건져낸다.
배양실 온도가 중요하다.
온도가 18℃보다 높거나 낮으면 자연상태에 적응하는 힘이 줄어든다.
반드시 18℃를 유지해야 한다.

- 지름 약 4cm, 길이 1m 정도의 참나무 막대기 두 개를 준비한다.

막대기는 껍질을 벗기지 않아야 한다.
참나무 막대기로 항아리 안에 액체를 저어준다.
시간은 20분 정도가 좋다.
하루에 한 번 해가 진 뒤 밤 시간에 한다.
이때 서로 다른 항아리를 저었던 참나무 막대기가 바뀌지 않도록 해야 한다.
참나무 막대기로 항아리를 저으면서 노래를 불러 준다.
느린 노래로 창하듯이 불러주면 더욱 좋다.
매일 똑같은 노래를 불러 줘야 한다.
이 과정을 통해 항아리 공간에서 세 가지 변화가 일어난다.
첫째 파동이 일어난다.

둘째 생명정보가 심어진다.
셋째 구리와 아연에서 생성된 생체 전기를 미생물에게 최대한 흡수시킨다.
이 과정을 7일 동안 반복한다.
전체 발효 시간은 21일이다.

- 보관

배양을 끝낸 액체를 활용 용도에 따라 분류해서 보관한다.
특히 뿌리부 배양액과 줄기부 배양액을 절대로 섞으면 안 된다.
사용 용도에 따라 섞어서 쓸 때와 나눠서 써야 할 때가 있기 때문이다.
보관 온도는 15℃ 이하여야 한다.

인체의 세포는 50mV를 충전함으로써 세포 통신을 할 수 있다.
세포는 인지질막에 50mV를 충전시킬 수 있는 기능이 있다.
세포 통신은 세포 간 유전정보를 공유하도록 하며 세포 간 거리를 정상적으로 유지시키는 기능을 한다.
세포 간 거리가 정상 범위를 벗어나면 세포막의 이온채널에 이상이 생겨서 영양 흡수가 잘되지 않는다.
그 결과 세포 대사에 장애가 생겨서 질병이 발생한다.
세포 간 유전정보가 공유되지 못하면 면역체계에 이상이 생기고 세포 복원이 이루어지지 않는다.
그 또한 질병이 생기는 원인이 된다.

세포가 50mV를 충전하게 되면 하루 5분 정도의 시간 동안

세포 통신을 한다.
만약 세포가 생체 전기를 50mV 이상을 충전하면 세포 통신의 시간이 길어진다.
참고로 피부세포는 최대 150mV를 충전할 수 있고 신경세포는 120mV를 충전할 수 있다.
세포 통신의 시간이 길어질수록 세포재생의 범위가 넓어지고 영양 흡수력이 높아지며 면역력이 증진된다.
상처 치유력은 세 배 이상 빨라지고 ATP는 500% 증가하며 단백질합성률은 80% 증가하고 T임파구는 40% 증가한다.
자연상태의 미생물들은 최대 50mV를 생성하기 때문에 세포 충전이 50mV 이상 이루어지지 않는다.
본 발명은 이러한 한계를 극복하고 370mV 이상을 생성해 내는 환원 미생물을 만들어 내는 데 있다.

위와 같이 환원 미생물을 배양했을 경우 최소 370mV에서 최대 950mV를 생성해 내는 환원 미생물을 얻을 수 있다.
이렇게 배양해낸 환원 미생물을 식품으로 활용하면 세균이나 바이러스를 치료할 수 있는 먹는 전자약을 만들 수 있다.
환원 농법과 결합하면 각종 약재를 생산할 수 있고 고급 식재료를 생산해서 농가 부가가치를 높일 수 있다.
특히 분해성 미생물은 오염된 환경을 복원시키는 기능이 탁월하다.
수질정화나 오폐수 정화에 활용할 수 있다.
가축사료나 비료로 사용할 수 있다.
토양 내 환원 미생물을 정착시키면 토질개량이 이루어져서 무농약 무비료의 환원 농법이 실현될 수 있다.

맺음말

시대사상은 시대를 이끌어가는 정신이요,
문명과 문화는 시대의 얼굴이다.

시대는 통치와 경영을 통해 순탄한 흐름을 유지하니 시대인이 되고자 한다면 반드시 갖춰야 할 것이 통치적 안목과 경영적 능력이다.
연결의 관점으로 세상을 바라보고 막힘을 해소해서 흘러가도록 유도하며 먼저 세상을 이롭게 하는 마음으로 이익을 도모하는 것이 통치와 경영이다.
경쟁이 아닌 조화로써 교류의 방식을 삼고 문화인으로서 역량을 키우기 위해 배움에 임하며 공유하고 참여하는 능력을 배양해서 시대를 이끌어가는 사람이 되어야 한다.
그런 사람만이 시대의 아픔을 치료할 수 있다.
이 시대는 그런 사람을 필요로 한다.

시대가 죽어가고 있다.
호모사피엔스의 시대가 저물어가고 있다.
저무는 해를 보며 내일을 꿈꿔본다.

생명과 시대사상

1판 1쇄 인쇄일 2020년 10월 30일
1판 1쇄 발행일 2020년 11월 1일

지은이 구선
본문 그림 구선
기획 이진화
편집 이진화 김우담

도움 주신 분들 유영, 나순일, 나종선
원자 모델 질문 김우태
교정 교열 권규호, 우동훈, 김종석, 엄윤정

펴낸 곳 도서출판 연화
주소 경상북도 영양군 수비면 낙동정맥로 2632-66
전화 02) 766-8145
출판등록일 2005년 11월 2일
등록번호 제 517-2005-00001 호

ISBN : 979-11-972118-1-2

이 책은 저작권법에 따라 보호를 받는 저작물이므로 무단전재와 복제를 금하며, 이 책 내용의 전체 또는 일부를 사용하려면 반드시 저작권자의 서면 동의를 받아야 합니다.